正面管教儿童心理学

周 礼◎著

zhengmian guanjiao ertongxinlixue

文匯出版社

图书在版编目 (CIP) 数据

正面管教儿童心理学 / 周礼著. — 上海 : 文汇出版社, 2017.6
ISBN 978-7-5496-2110-1

Ⅰ. ①正… Ⅱ. ①周… Ⅲ. ①家庭教育②儿童心理学
Ⅳ. ①G78 ②B844.1

中国版本图书馆 CIP 数据核字 (2017) 第 107712 号

正面管教儿童心理学

著　　者 / 周　礼
责任编辑 / 戴　铮
装帧设计 / 天之赋设计室

出版发行 / 文匯出版社
上海市威海路 755 号
(邮政编码: 200041)
经　　销 / 全国新华书店
印　　制 / 北京毅峰迅捷印刷有限公司　010-89581657
版　　次 / 2017 年 7 月第 1 版
印　　次 / 2017 年 7 月第 1 次印刷
开　　本 / 710×1000　1/16
字　　数 / 148 千字
印　　张 / 15

书　　号 / ISBN 978-7-5496-2110-1
定　　价 / 35.00 元

自序：石头与石像

一块石头，在建筑工人的眼里，它只是一块普通的石头；而在雕刻家的眼里，它则是一件精美的艺术品。为什么同样的一块石头，在不同人的手里，会显示出不同的价值呢？这就是细心雕琢的结果。

教育孩子也是如此。

以石头来比喻孩子，如果你使用的工具是铁锤，那么你打造出来的只能是粗糙的碎石。如果你使用的工具是刻刀，那么你雕琢出来的就是精美的石像。

众所周知，爱迪生小时候不是一个聪明的孩子，常常被老师视为“低能儿”，因此仅仅上了三个多月的学就被老师撵出了学校。但爱迪生的母亲南希并不认为自己的儿子是“低能儿”，并且在她耐心的辅导和教育之下，爱迪生成了举世瞩目的大发明家。

由此可见，家庭教育对一个人的成长有多么重要的意义。

有人说，推动摇篮的手，就是推动世界的手。

孩子将来成为一个什么样的人，有多大出息，在很大程度上取决于父母的教育。父母是孩子的第一任老师，是指引孩子走向成功的领路人。

可以说，父母能成就孩子，也能毁掉孩子。

每个孩子都是一块璞玉，只要家长用心去雕琢，都能使其成为温润的美玉。但在日常生活中，许多家长都忽略了对孩子的教育，或者采取了错误的教育方式，结果致使一些本该成为美玉的孩子成为了碎石，这多么让人痛心啊！

的确，教育孩子很难，但再难我们也不能放弃，因为生养孩子不像买东西，不管是不是“次品”，你都无法“退货”——我们只能想尽一切办法，将“次品”转化为“合格品”，将“合格品”转化为“上品”。

目　录

Contents

第 *1* 章　成人篇

第2章　成长篇

第3章 成才篇

第1章 成人篇

台湾作家龙应台曾说，父母跟食物一样，都是有保质期的，这个保质期就是孩子最依赖父母的那段时间。

如果父母错过了这个陪伴和教育孩子的黄金时期，那么将来就只有摇头和叹息的份儿了。因为，孩子的习惯一旦养成就很难改变，与其花十年的时间去重塑孩子，不如花十年的时间去培养孩子。

1. 游戏中的小知识

近年来，关于孩子走失的新闻报道有很多，虽然有些走失的孩子被幸运地找回来了，但家长为此所承受的痛苦是无法想象的——因为一个孩子走失了，就意味着一个家庭破裂了。

所以，让孩子学习一定的安全常识和建立一定的自我保护能力，显得很有必要。

那么，家长应该如何教育孩子，让悲剧不再发生呢？

通常情况下，孩子会对外界的许多事物充满好奇，比如，一只可爱的小狗，一只不起眼的蚂蚁，一个漂亮的气球……这些都可能让孩子停下脚步，远离父母的视线，从而走失。

面对这种情况，家长不妨经常和孩子做以下几个游戏，以提高孩子自我保护的意识和能力。

一、“老鹰抓小鸡”游戏

爸爸当老鹰，妈妈当母鸡，孩子当小鸡。

场地可以选择在家中，也可以选择在户外，甚至可以邀请其他小朋友一起参加。

进行游戏时，家长要求孩子拉住妈妈的衣服，跟着妈妈的节奏前进、后退，左右移动，看孩子会不会松开手。如果孩子松开了手，家长一定要及时提醒孩子，并告诉他，离开妈妈的保护是非常危险的。

这个游戏，主要是为了训练孩子在外面时应该寸步不离地跟随家长的意识。

生活中，在人流量大、场面拥挤的情况下，孩子很容易和父母走散，尤其是当父母双手提着东西时。如果孩子能始终紧紧地拉住妈妈的衣服，很大程度上能够防止走丢。

二、“找爸爸妈妈”游戏

这个游戏需要多人参与，游戏规则是：爸爸妈妈混在人群中，与孩子保持一定的距离，而且大家可以随意走动。当游戏主持人发出指令时，孩子要尽快跑到爸爸妈妈的身边，并拉住爸爸妈妈的手。

这个游戏，主要是为了训练孩子在暂时脱离父母的视线时，如何保持镇静的心态，并迅速做出正确判断，重新找到爸爸妈妈。

三、“大声回答”游戏

游戏要求爸爸将孩子带到人群中，然后让妈妈站在远处呼叫孩子的名字。当孩子听到妈妈的呼喊时，要大声回答“我在这儿”，并挥动自己的双手。

为了让游戏效果更加真实，家长可以尝试在不同的环境下，以不同的声调和语速呼叫孩子，看孩子能否立刻做出反应，让家长在第一时间找到他。

四、“找警察”游戏

这个游戏很简单，首先家长要准备一些印有不同人物图案的卡片，并将穿警察、保安、军人服装的人物卡片夹在其中，让孩子在最短的时间内将它们找出来。

家长也可以将孩子带到街上，让孩子身临其境地辨识哪些是警察、哪些是保安、哪些是军人，并告诉他以后在外面遇到麻烦时，可以找警察叔叔帮忙。

这个游戏，主要是为了训练孩子在走失时，如何安全地向外界求助，以便找到自己的父母。

此外，家长还可以为孩子制作一张让其随身可以携带的联系卡，上面要写明孩子的基本信息和父母的联系电话，这样，即便孩子走丢，警察或好心人也会根据联系卡及时联系上家长。

2. 人前不教子

《朱子家训》中记录了这样一句耐人寻味的话：“堂前教子，枕边教妻。”意思是说，教育孩子，要当面指出他的错误，让他感到羞耻，从而不再犯类似的错误。而妻子犯错了，则需要给她留一定的颜面，最好在背后悄悄地告诉她。

现在看来，枕边教妻很有道理，但堂前教子并不可取，因为人们可能忽略了一个问题，那就是：孩子也是有自尊的，也需要得到别人的尊重。

在日常生活中，每当孩子调皮或出现过失时，家长总是喜欢大声训斥，不管周围有没有人；有时甚至还会找一个“反面”例子，这样挖苦道：“你看某某孩子多听话、多能干啊——哪像你，整天就知道玩。”

家长的出发点肯定是好的，想通过人前教子，让孩子认识到自己的错误。但这种教育的效果并不理想，也许当时孩子会因为受到批评而有所收敛，但他的内心其实并不服气，甚至会心生怨恨。

人前教子，很容易让孩子产生逆反心理。

人都希望得到别人的尊重和理解，孩子也不例外——当他们不小心犯了错时，如果家长不注意时间和场合，在大庭广众之下对其肆意指责、辱骂，孩子会觉得很受伤，很没“面子”，这对孩子的成长极为不利。

英国哲学家洛克说：“父母不宣扬子女的过错，则子女对自己的名誉就愈看重，他们觉得自己是有名誉的人，因而会更小心地维持别人对自己的好评；若是当众宣布他们的过失，使其无地自容，他们便会失望，而制裁他们的工具也就没有了，他们会觉得自己的名誉受到了打击，而他们设法维持别人好评的心思也就愈加淡薄。”

很多家长认为，孩子没有自尊，打打骂骂无所谓。

事实上，每个人都有被人尊重的需求，我们越是尊重孩子，孩子就越是会用心去维护自己的好形象；而我们越是伤害他，孩子就越是会不在乎，越是会破罐子破摔，甚至对家长产生敌对的紧张情绪。

可能许多家长都有这样的体会，你越是打骂孩子，孩子越是不怕，越是不听话，越是跟你对着干。越是夸奖和鼓励孩子，孩子就越是努力，越是乖巧，越是优秀。

常言说，树怕伤根，人怕伤心。

如果家长时常伤害孩子的自尊，孩子的心灵就会扭曲，就会以逆反或自暴自弃的方式“回报”于你。因此，家长要细心地呵护孩子的自尊，像呵护荷叶上的露珠一样小心翼翼。

其实，孩子犯错是十分平常的事，有的是由于好奇心的驱使，有的是由于经验不足，有的是由于一时兴起——不管出于何种原因，都是可以理解的。

所谓孩子犯错，上帝也会原谅。

对此，父母应该保持平常心，尽量克制住自己的情绪，尤其是有外人在场的情况下，最好不要教训孩子——等到没有外人时，再告诉孩子，哪些地方做得不好，哪些地方需要改进。这样做，效果要好很多。

同时，批评孩子时，父母还要掌握好的方式和技巧，不要动不动就发脾气、训斥、骂人，因为教育是一项细致活儿，家长得有足够的耐心和信心。

3. 孩子，请闭眼

生活中，当家长正津津有味地欣赏着电视节目时，里面突然出现了男女亲热的画面，而孩子正好坐在身边，并且也专注地盯着电视屏幕。

面对这种情况，不少家长会觉得十分尴尬，要么立即换频道，要么让孩子闭眼——至于小孩子为什么不能看，家长则避而不谈。

通常情况下，只要牵扯到男女情爱或性方面的问题，家长总是会藏着掖着，遮遮掩掩，或转移话题，极力回避。

家长这样做，并不难理解。

要知道，中国受了几千年封建思想的影响，特别是对性的禁锢，使人们对性缺乏正确的认知，所以对下一代也就缺乏正确的疏导。

当孩子问妈妈“我是从哪里来的”时，大多数妈妈会说：“你是我从垃圾堆旁捡来的。”

不仅仅是家长，老师也同样如此，比如当生理老师谈到男女生殖结构的内容时，总会说：“这一节大家自己看。”

尽管一些专家呼吁，要从小对孩子进行性教育，但人们固有的保守观念，常常会对此羞于启齿，因而中国家长很少与孩子谈性，更别说正确的性教育了。

事实上，刻意回避和消极对待这个问题，都是不正确的。相反，当影视中出现亲热的镜头时，正是对孩子进行性教育的最佳契机。

有关研究表明，性教育不仅不会导致孩子提前性行为或者增加性行为，相反，它会让孩子正确地认识性，对待性，从而更好地保护自己。

潘多拉的故事可能很多人都听过，这里不妨简述一下：

众神之王宙斯想要惩罚造人和盗火的普罗米修斯，于是造出美貌的潘多拉，并命令赫尔墨斯把潘多拉带给普罗米修斯的弟弟埃庇米修斯，让潘多拉去实现报复普罗米修斯的目的。

潘多拉与埃庇米修斯结婚后，出于好奇心，她一直想打开宙斯送给她的小盒子，而埃庇米修斯一直提醒她，盒子里的礼物未必都是好的。

越是不让她打开盒子，她越是好奇，结果趁埃庇米修斯外出之际，她悄悄地打开了盒子，那里面是无数的灾祸、病毒。自此，人类受尽了痛苦和折磨。

教育孩子也是这样，你越是不让他看，不给他讲，他越是好奇，越是想要揭开其中的秘密，于是就会做出一些让大人瞠目结舌的事情来。

其实，许多事情你想藏是藏不住的，尤其是在互联网日益发达的今天，孩子可以通过上网搜寻，了解到他想要知道的一切。但由于缺乏大人的监管和引导，结果往往会适得其反。

因此，对于性方面的问题，家长一定要坦然告之，切不可讳莫如深，毕竟父母是孩子性教育的最佳人选，应该主动承担起这份责任和义务。

所以，当影视作品中出现“儿童不宜”的画面时，我们完全可以这样告诉孩子：每个人到了一定的年龄阶段，都会对异性产生好感，进而与其相爱。有时为了表达自己的感情，他们常常会采用一种特别的方式，比如拥抱、亲吻等——肢体的接触往往会让相爱的人感到更加幸福和快乐，就像你喜欢妈妈牵着你的手和拥抱你一样。

当孩子明白大人之间的亲密接触只是一件寻常之事时，他们很快就会将其遗忘。

4. 对孩子你别“哄”

生活中，许多父母都有言而无信，或哄骗孩子的行为。

比如，明明答应孩子周末去游乐场玩，结果到了周末，却推脱说：“这周不行，等下周吧！”

还有的家长为了应付孩子哭闹，常常向孩子许诺美好的愿望，而事后又拒不履行，有时被孩子逼急了，甚至会大打出手。

可能很多家长没有意识到，哄孩子是一种不好的行为，它不仅会降低家长在孩子心目中的威信，还会对孩子的成长造成巨大的伤害。

众所周知，诚信是为人之道，是处事之本，是一个人必备的优良品格，堪称人的“第二身份证”。讲诚信的人，处处受人欢迎、尊敬；而不讲诚信的人，处处遭人厌弃、被人忽视。

可以说，诚信教育事关孩子的未来，家长切不可轻视。

福克斯是最受墨西哥人民欢迎和尊敬的总统之一，他一生有一个重要的做人原则，那就是诚实守信。

福克斯在一次演讲中说，有一次，父亲准备拆掉院子里的一座旧亭子，他觉得十分好玩，恳请父亲让他站在一旁观看。父亲嘴上答应了他，却并没有将这事放在心中，等他一走，父亲就找来几个工人将亭子拆掉了。

不久，福克斯回到家中，发现那座亭子不见了，他非常失望，闷闷不乐地对父亲说：“你不是一个好爸爸，你说话不算话。”

父亲听后，愣了一下，不知道儿子为什么会如此生气。

福克斯继续说道：“你说过，要等我回来才拆那座亭子，可如今……”他话还没说完，就流下了委屈的泪水。

那一瞬间，福克斯的父亲突然意识到，诚信不是要整天挂在嘴上的，而是要落实到生活中去的，即便面对自己的孩子，也不能失信于他。

为了弥补自己的过失，福克斯的父亲决定在原来的地方重新建造一座一模一样的亭子，然后再当着孩子的面拆掉。

没过多久，新的亭子建好了。

父亲将福克斯叫到院中，并让他亲自指挥工人来处理。很快，亭子就被拆除了。但不同的是，这次，福克斯在心里建起了一座无形的亭子。

正是因为父亲的教育和影响，福克斯从小就明白，做人必须诚实守信。而在以后的生活和工作中，他始终坚持这一原则，这也是他为什么能从一个普通的推销员成为墨西哥总统的根本原因所在。

现在，不少家长都十分重视孩子的知识教育、安全教育和健康教育，却忽略了孩子的品德教育，尤其是诚信教育，这是很不可取的。

诚信的种子往往都是由父母传播的，如果父母信守承诺，孩子也会耳濡目染，成为一个诚实、讲信用的人。相反，如果父母出尔反尔，谎话连篇，孩子也很难成为一个一诺千金的人。

墨子说：“言不信者，行不果。”意思是，说话不讲信用的人，做事也不会有什么结果。

因此，我们在教育孩子时，一定要信守承诺，说话算话，言出必行，要是办不到的事情，千万不要轻易答应下来。

5. 孩子吵闹，应对有艺术

遇到孩子大吵大闹怎么办？这是一个令许多家长困惑不已的问题。

通常情况下，家长会采取如下方式：

一、武力镇压

遇到孩子无理取闹或是不听话时，家长的第一反应就是打和骂——你哭，打到你不哭为止；你闹，骂到你不闹为止。

当然，也有的家长比较“文明”，不会上演全武行，只是拿话威胁，比如：“如果你再闹，就不给你买玩具枪，不带你去游乐场玩。”

二、拿东西贿赂孩子

脾气好一点的家长，可能会采用“哄”的方式，比如：“宝宝听话，妈妈给你买好吃的。”

这种方式一般会取得立竿见影的效果，因为小孩最喜欢的就是零食、玩具一类的东西，他们只要一听到有好吃的，或好玩的，立马就规矩了。

尽管这一招屡试不爽，但笔者不提倡。

三、冷处理

还有一类父母，他们既不打骂孩子，也不哄骗孩子，而是对孩子置之不理，当他们是隐形人。然后等孩子哭够了，闹够了，自然就老实了。

姑且不谈以上几种教育方式好不好，先说说孩子为什么会哭闹——原因不外乎以下几种：

一是愿望没有得到满足

比如，孩子看上了一样东西，但父母觉得太贵，拉着孩子就走。

孩子没得到想要的东西，自然不肯放手，于是又哭又闹，以此表达自己的不满，或以此要挟父母。

二是父母没有尊重孩子的选择

比如，孩子想要一件白色的衣服，但父母觉得脏了不好洗，非要给他买一件粉色的衣服。这时孩子不乐意了，大吵大闹，还会扔东西。

三是孩子受了委屈

比如，孩子不小心摔倒了，父母不但不安慰他，还骂他不长眼睛。

四是孩子受到了不公平待遇

比如，父母给妹妹买了礼物，却不给哥哥买。无论父母出于什么样的原因，在孩子的眼里，这都是不公平的——而他们受到不公平待遇就会抗议，抗议无果就会哭闹。

弄清了孩子大吵大闹的原因，处理起来就不难了。

首先，父母要接纳孩子的负面情绪

其实，哭闹和发脾气，都是孩子宣泄情绪的正常表现，只是他们的表达方式激烈了一点。父母要始终相信，没有无缘无故的因，也没有无缘无故的果，孩子哭闹一定有他的道理，父母首先要做的是倾听，不能武断行事。

比如，孩子特别想要某样东西，而你又不想给他买时，你要先听听孩子的心声，再讲讲你的理由——如果实在不行，可以选择一个折中的办法，让双方都能接受。

其次，父母要理解孩子的某些行为

当孩子受委屈时，父母要表现出理解和关心，那样才能更好地抚平孩子心灵的创伤。

比如，孩子伤心时，父母要主动陪在他的身边，或者将他抱在怀里，温和地说："妈妈知道你很难过，妈妈非常爱你，妈妈愿意和你一同面对。"

有了父母的关心和安慰，孩子的情绪就会慢慢好起来。

再次，要让孩子明白，爱哭闹的孩子不可爱

如果条件允许，父母可以将孩子哭闹时的场景拍摄下来，等到孩子平静下来后，再给他看。

你也可以将孩子的负面情绪制作成各种有趣的卡片，最好夸张一点、幽默一点，比如：头顶冒火，怒发冲冠，泪流满面。

下次，当孩子再生气时，你就把这些卡片摆在他的面前，即便这不能让他破涕为笑，至少也能缓和紧张的气氛。

6. 女儿向我买时间

一个周末的下午，我刚要出门，女儿叫住了我，她怯生生地对我说："爸爸，你能预支我 10 块钱吗？"

我听后，不高兴地说："不是昨天才给了你 10 块钱吗？怎么才过了一天就用完了呀！"

从女儿上幼儿园开始，我就主动给她发零花钱，每周 10 元，虽然不多，但也能解决她的基本需求。女儿从小就比较懂事，不管我们在不在身边，她都从不乱花钱，也从未出现过超支的现象，而这次却有些反常，我不禁警惕起来。

我问女儿："是不是在学校损坏了别人的东西？"女儿摇着头说："不是！"我又问："是不是同学过生日，你准备送他一份礼物？"女儿还是摇头："不是！"

我有些不耐烦起来，朝女儿怒吼道："你到底要钱干什么呀？如果你说不出一个正当的理由，我今天绝不拿钱给你。"

可是，无论我怎么追问，女儿就是不愿说出要钱的原因，于是，我愈加怀疑她了。

本来我还想追问下去，谁知女儿"哇"的一声哭了起来。

我赶紧调整好自己的情绪，轻声地对女儿说："宝贝，对不起！爸爸不该朝你发火，你有什么需要就直接跟我说吧，爸爸一定支持你的。"

在我的多次鼓励下，女儿终于抬起头说："我准备买一样东西，但是钱不够。"

我没有再逼问女儿要买什么，而是直接给了她10块钱。

不一会儿，女儿从她的存钱罐里取出30块钱，连同刚才那10块钱一起递到我的手里，然后高兴地说道："爸爸，这是40块钱，我向你买一个小时的时间，你现在可以陪我玩了吧？"

那一瞬间，我完全愣住了。

记得几周前，女儿要我陪她玩，我说没时间，让她自己玩。女儿十分失望，她不理解大人为什么要拼命挣钱，为什么不愿陪她。

女儿天真地问我："爸爸，你不挣钱行吗？"我说："当然不行，不挣钱，你吃什么、喝什么、用什么呀？"女儿又问："那你一小时能赚多少钱呢？"我想了想说："大概40块吧！"

女儿听后没有再说什么，我也很快将这件事淡忘了。我完全没有料到，女儿存钱竟然是为了向我买时间。

望着女儿一脸期待的神情，我险些落下泪来。

这时，我才恍然意识到，孩子需要的不是精美的玩具，也不是无所不能的电子产品，而是父母的陪伴。之前，我每天忙于工作，忙于应酬，忙于娱乐，几乎没有时间陪孩子——现在想想，自己是多么的不称职啊！

据一位育儿专家说，如果父母长时间不陪伴孩子，或是与孩子缺乏有效的沟通和互动，就会造成孩子对亲情的淡漠，从而喜欢虚拟的网络游戏，甚至形成逆反心理。反之，有父母陪伴的孩子往往更自信、更有安全感，也更加热爱学习。

看来，我是该抽时间多陪陪孩子了，不然，一转眼她就长大了。

7. 给孩子分床有技巧

可能许多家长都曾遭遇过给孩子分床的苦恼，对此，孩子要么会大哭大闹，不听安排；要么会抱着父母的腿，死活不松开；要么在一关灯后，就又跑回父母的房间；要么会一再拖延分床的时间……

为什么让孩子单独睡觉就这么难呢？这主要有三个方面的原因：

一是惧怕。怕陌生的环境，怕黑，怕妖魔鬼怪，怕突然响起的声音。二是习惯了和父母一起睡。孩子从小睡在妈妈的身边，对妈妈的怀抱和爱抚有着很强的依恋。三是孤独。人都属于群居动物，孩子也不例外，如果看不到爸爸妈妈，就会产生一种孤独感和无助感。

也许有人会问，既然给孩子分床如此难，那不分行吗？

教育专家的回答是：不行！如果孩子长时间与父母一起睡，可能会滋生恋母情结或恋父情结，导致他日后缺乏自爱、自律，甚至形成性别认同障碍。

相反，如果尽早给孩子分床，不仅能够培养孩子的独立意识，比如学会自己脱衣服、穿衣服、盖被子、起床等，还能让孩子养成勇敢、乐观、自强不息的良好习惯。

可以说，一个人睡觉是孩子独立生活的开始。

既然给孩子分床有这么多好处，那如何才能尽快让孩子适应一个人睡呢？

第一，要帮助孩子克服恐惧心理

家长一定要弄明白孩子到底怕什么，如果怕黑，可以将家里的台灯调暗一点，等孩子睡着后再关掉。

值得一提的是，家长千万不要因为孩子怕黑，让孩子睡觉时一直开着灯。调暗台灯只是权宜之计，最终还是要让孩子适应黑暗。

如果孩子怕妖魔鬼怪，家长一定不要责备孩子，要抱着理解的态度与孩子沟通，让他慢慢明白，那些东西是不存在的，只要你睁开眼睛，它们就会自动消失。

第二，父母不要心软

从情感上来说，无论是大人还是小孩，都不希望彼此分开。尤其是孩子，他们对父母的依赖性极强，分开后，刚开始的确会很不习惯。

但这需要一个过程，家长一定不要被孩子的眼泪所迷惑，态度一定要坚决，不要给孩子丝毫商量的余地。与孩子的斗争本来就是敌进我退的模式，你退，孩子就进；你进，孩子就退。

第三，尽量在3岁以前分床

很多育儿专家都认为，分床越早越容易，对孩子的成长也越有好处。

孩子越小，恐惧心理越少，越容易分离；而随着年龄的增长，他们更容易受到故事中的人物和影视作品的影响，从而害怕一个人睡觉。

第四，给孩子布置一种舒适的环境

家长可以在孩子的房间里贴上一些他喜欢的卡通画或漫画，这样，他就会觉得亲切温馨，更容易入睡了。

另外，家长还可以在孩子的床头放一个大一点的洋娃娃，让他不会觉得那么孤单。

舒适的环境往往能够帮助孩子克服恐惧心理，并迅速习惯一个人睡觉。

第五，采取循序渐进的方式

如果父母一下子跟孩子分开了，孩子肯定会不适应，所以你也可以先跟孩子分床不分房；等到分房后，可以先陪睡半个小时，然后过渡到只讲故事不陪睡。

这样，有一个缓冲的过程，孩子会更容易接受。

第六，向孩子表达你对他的爱

家长可以这样告诉孩子：宝宝长大了，应该有属于自己的空间，无论大家在不在一个房间睡觉，爸爸妈妈都是爱你的。同时，我们也相信，你一定能成为一个勇敢的孩子。

8. 孩子的安全教育不可忽视

不少家长很少关注孩子的安全教育问题。

事实上，几乎每年都会发生无数起儿童意外伤害事故，并且大多数都是由于缺乏基本的安全常识造成的。因此，向孩子传授一些安全方面的知识是十分必要的。

首先，让孩子认识易燃易爆物品和有毒物品，并尽量远离它们

每个家庭或多或少都有一些易燃易爆、有毒的物品，比如：液化气罐、杀虫剂、空气清新剂、发胶、洗洁精、酒精、打火机等。可能很多家长都不知道，杀虫剂和空气清新剂在受到挤压的情况下可能会发生爆炸，酒精放进冰箱里也会引起爆炸。

此外，一氧化碳也是家中的隐形杀手之一。一氧化碳是一种无色无味的有毒气体，它能杀人于无形，近年来，死于一氧化碳中毒的人不在少数。

一氧化碳主要来源于三个方面：一是使用煤球和木炭会产生大量的一氧化碳；二是使用燃气热水器会产生一定量的一氧化碳；三是下水道中一氧化碳的倒灌。

避免一氧化碳中毒的最好办法，就是保证房间的空气流通，不让一氧化碳的浓度过高。

另外，用电安全也需要注意。在使用家用电器时，一定要告诉孩子哪些地方不能碰，哪些电器不能沾水。

为了达到完美的教育效果，家长还可以在网上下载一些视频，让孩子充分感受不正确使用这些物品所带来的严重后果。

其次，教育孩子遵守交通规则

交通安全也是安全教育的一个重点。

随着城市里机动车辆的不断增多，交通事故层出不穷，这给孩子的出行造成了极大的隐患。据交管部门统计，很多交通事故都是由于不遵守交通规则造成的，所以，家长一定要告诫孩子不要闯红灯，不要随意横穿马路。

值得一提的是，家长平常要以身作则，不要带头闯红灯、逆行和横穿马路等。

再次，培养孩子的自我保护意识

拐卖儿童的现象时有发生，家长一定要教育孩子注意以下事项：

不要一个人单独去外面玩耍，不要随便和陌生人说话，不要向陌生人透露家中的信息，不要接受陌生人的食品，更不要跟着陌生人走。

如果在路上遇到坏人，一定要大声呼救，以引起路人的注意——很多坏人表面上看起来很凶狠，其实内心很胆怯，只要旁边有人响应，他们就会被吓跑。当然，如果坏人只是要钱，那么可以先给他钱稳住他，然后再报警。

另外，对待坏人，可以不用说真话，只要能保证自己的生命安全，尽可以使用小招数。

最后，告诉孩子一些逃生和急救的常识

如果遇到地震，一定要想办法逃出去，而不要惦记有没有带贵重的物品——必要时，还可以打碎玻璃和门窗等。

如果遇到火灾，一定要用湿毛巾捂住鼻子，努力寻找安全通道，并护住自己的头部。如果遇到雷雨天气，不要站在大树下，也不要手举金属物件，以避免雷击……

当然，安全教育不是一天两天就能教会的，家长要循序渐进，将它融入到生活的方方面面。

9. 早教不当可能会害了孩子

提起早教，我想大家并不陌生，几乎每座城市都有早教机构，家长都曾接触过早教行为。

然而，并不是越早对孩子进行教育就越好，也不是让孩子多上几个培训班，就能使其变得更聪明、优秀。

事实上，早教就像一把双刃剑，用好了会让孩子如虎添翼，用得不好，则可能会伤到孩子。

受到“决不能让孩子输在起跑线上”思想的影响，许多家长在孩子很小的时候便开始向他们传授文化知识，甚至不惜重金聘请家教，或将孩子送到专业机构进行学习。

家长的想法很简单，就是希望早点开发孩子的智力，让孩子上学后能够出类拔萃、鹤立鸡群。但事与愿违，大量事实证明，过早接受知识教育的孩子往往并不会变得优秀；相反，到了入学年龄，他们的厌学程度会是未接受早教孩子的数倍。

不少育儿专家指出，过早让孩子接触读、写、算，不仅对孩子的成长没有好处，反而会影响孩子今后的学习能力。

首先，过早接受知识教育，容易让孩子出现厌学情绪

学习本来是一件快乐的事，但如果家长剥夺了孩子的童年，让他们在该玩的时候没有得到满足，那么，他们会在以后不该玩的时候加倍找回来。

此外，繁重的学习压力会让孩子觉得学习是一件十分痛苦的事，从而逃避学习，厌弃学习。

其次，过早接受知识教育，容易造成孩子后劲不足

像英语、识字和加减运算这类知识，孩子到了小学阶段自然会系统学习的——如果提前学习了小学的内容，孩子上课时会心不在焉，或开小差。也许一二年级时他们还能勉强应付，但随着学习内容的增多、学习难度的加大，他们会被别的孩子远远地甩在后面。

既然早教不是为了让孩子学习知识，那么，我们究竟应该从哪些方面对孩子进行培养呢?

著名心理学家郝滨说：“幼儿教育是人生整个教育的起点，其教育目标应是保证孩子身心健康发展，为接受进一步教育打好基础。”

由此可见，早教的目的是为了让孩子的体能、智能、心理得到平衡发展，健康成长才是首要任务。

所谓过犹不及，欲速则不达。早教不是让孩子学习加减运算，也不是让孩子背诵唐诗宋词，而是培养他们的兴趣爱好。

爱因斯坦说过，兴趣是最好的老师。只有激发起孩子对某一事物的兴趣，他们才会主动地去学习，积极地去思考，这样他们才能克服在成长中遇到的各种困难。

对于 0 ～ 3 岁的孩子来说，早教时应重点把握好语言、智能、体能、感官等几个方面，所以家长要做到“以情为先”“以养为主、教养结合”，每天至少要花一小时的时间与孩子交流、互动。

众所周知，玩是孩子的天性，家长切不可破坏或改变这一自然规律，而应尽可能地让孩子回归自然，在玩耍中学习，在学习中玩耍，不断提高孩子的动手能力、思维能力和探索能力。

因此，陪孩子玩耍、做游戏、唱歌跳舞等，才是最好的早教。

10. 我给女儿写“情书”

许多家长都有这样的体会：孩子越大越不好沟通，尤其是进入青春期后，他们常常会将大人的话当作耳边风，一回到家就把自己关在屋子里，有时一整天都不与父母说一句话。

家长主动关心孩子，他们不但不领情，还会嫌父母啰唆，有此遭遇的家长不禁会摇头叹息：现在的孩子到底怎么了？

从小到大，我一直陪伴着女儿成长，对于一般孩子身上会出现的毛病，我都见识过——其实与孩子沟通并不难，关键是要掌握方式方法，然后再对症下药。

一些家长最见不得孩子顶嘴，孩子稍有不从便火冒三丈，横加指责，甚至破口大骂。这样的沟通方式注定是失败的，所以，家长教育孩子一定要有耐心，要允许孩子发表不同的意见。

当孩子到了一定的年龄阶段，他们有了自己独立的意识和主张后，不会再把父母的话当作圣旨，反而可能会开始逃避沟通，甚至对抗父母。

在这种情况下，家长最好换一种方式，用纸条或书信与孩子沟通。因为面对面的交流，很容易造成情绪失控，一旦发生意见分歧，双方往往会剑拔弩张，争吵得脸红脖子粗，这样不但解决不了问题，反而会伤害孩子。

有一段时间，因为学习方面的问题，我与女儿闹得很僵，我不找她说话，她也不找我说话。

刚开始，我在气头上，对女儿不闻不问，但气消后冷静一想，孩子毕竟是孩子，我怎能跟她斗气呢?

然而，碍于大人的尊严和面子，我又不愿当面向孩子道歉。

左右为难之际，我突然想到了写信。

以前有什么心事，我都喜欢记在日记里，或告诉自己的好朋友——写信虽然有些落伍，但它往往能够避免冲突，化解矛盾，不失为一种有效的沟通方式。

打定主意后，我花了半天时间，写了一封声情并茂的长信。信中，我对女儿动之以情、晓之以理，不仅向她表达了自己的歉意，还向她陈述了自己的理由和想法。

我本以为女儿看到信后会置之不理，但没想到的是，她很快就做出了回应。

回信中，女儿向我述说了许多她从未提及的苦恼，以及她对我的看法。这时我才明白，我对她的要求太高了，她已经到了崩溃的边缘。

从那以后，但凡遇到什么难以启齿，或是不好当面沟通的问题，我都采用写信的方式。

你还别说，这种简单的方式产生了神奇的效果，我与女儿之间的关系越来越亲密，我很少再对她发脾气，她也很少再跟我闹意见了——别人都笑着对女儿说：你真是你爸爸的贴心小棉袄。

为了扩大战果，我索性在家里做了三个纸糊的信箱，分别在上面写上“爸爸信箱”“妈妈信箱”和“女儿信箱”，只要大家有什么心里话，都可以写在纸上，投到对方的信箱里。

书信交流不仅改善了我与女儿之间的关系，还训练了孩子的表达能力、写作能力，真是一举多得。

因此，当面对面的交流难以奏效时，家长不妨采用这种迂回的谈心方式。

11. 三招化解亲子冲突

在教育孩子的过程中，我们经常会遇到与孩子的意见相左的时候，比如你让孩子早点睡，但他偏不听，非要再看一会儿电视。

通常情况下，家长认为孩子做得不对，或其行为可能会造成某种恶果时，常常不顾孩子的感受，强硬地要求孩子执行自己的决定。

然而，这样做的结果不是弄得孩子大哭大闹，就是弄得家长一肚子的气，更重要的是，它会打消孩子的积极性和创造性，还会压抑孩子的个性发展，造成孩子缺乏主见。

几千年来，中国一直强调父母的权威，但忽略了孩子应有的权利，很显然，旧的教育模式已不能适应当前新的教育要求。那么，我们究竟应该如何正确处理与孩子之间的冲突呢？

家长不妨从以下三个方面入手：

一、与其让孩子听话，不如先听孩子说什么

细细思量，孩子为什么不听大人的话，这其中一定有家长不了解的原因。

比如，有的孩子不愿洗头，家长问也不问，便不分青红皂白地加以训斥，并给孩子扣上一顶不爱干净的帽子。

而事实上，只要家长稍加询问便会知道，孩子不喜欢洗头，多半是因为害怕洗发水进到眼睛里，或是担心被热水烫着。

碰到这种情况，家长一定要耐心，只要消除孩子的心理障碍，问题就会迎刃而解。

二、与其强迫孩子的意志，不如引导孩子按他自己的想法去做

孩子大约在两三岁以后，便会萌发自主意识和独立意识，并且常常会通过否定大人发出的指令，以此引起大人的注意，进而突出自己的存在。

许多家长听不惯孩子说“不”。

其实，孩子有自己的想法并不是什么坏事，那表明他长大了，有自己的意识和见解了。对此，家长不但不能阻止孩子，还应该对他们多加鼓励。

比如，孩子想自己吃饭，但家长担心孩子掌控不好，弄得满桌子都是，于是就要求孩子接受喂食。这样，家长的“好心”不但没有帮到孩子，反而会促成孩子懒惰、依赖的心理。

因此，当孩子想要独立完成某事时，家长要做的不是代替或劝阻，而是告诉孩子具体应该怎么操作，需要注意哪些细节。

没有人一生下来就能熟练掌握某样技巧，那都是从无数次失败的经验中得来的。所以，家长不必担心孩子会把事情搞砸，更不要轻易插手孩子的事。

三、与其跟孩子讲道理，不如陪孩子做游戏

许多家长喜欢跟孩子讲道理，但这对低龄儿童并不管用，他们听不进，也听不懂大人所谓的道理。

要让孩子接受大人的“真理”，最好的办法就是陪孩子做游戏，或是把要讲的道理贯穿在生动活泼的故事里。

比如，要让孩子明白吃东西前不洗手的危害，家长可以和孩子互换角色，一起扮演因乱吃东西而引发肚子疼的情景。这样孩子就会明白，如果吃东西不讲卫生，就会引起肚子疼，就得吃药打针。

这些都是孩子非常害怕的，通过这种寓教于乐的方式，孩子就会慢慢改掉生活和学习中的不良习惯。

12. 教孩子吃饭不是一件小事

吃饭，是人的一种本能，婴儿呱呱坠地后不用人教就会吸吮母亲的乳头，以此获取能量。

然而，在生活中，我们却看到一个怪现象：许多孩子不愿吃饭，或不愿好好吃饭。因此，有的父母求宝宝吃饭，有的父母威胁宝宝吃饭。

尽管如此，不少家长还是没引起足够的重视，他们认为吃饭只是一件小事，无论采取什么方式，只要能让孩子吃饱就行。

但育儿专家告诉我们，教孩子吃饭不是一件小事，它可能会影响到孩子的方方面面。

首先，吃饭会影响孩子的身体健康

身体是人的根本，有了健康的身体，才谈得到上学习、工作等。

一个人的身体素质基本取决于成年之前，尤其是婴幼儿时期，而大部分孩子之所以身体差，都是由于偏食或不好好吃饭造成的。

要想杜绝这种情况发生在孩子身上，一方面，父母不能因为孩子的喜好而随便改变膳食。一些家长看到孩子喜欢吃某样食物，就经常做给他吃；而孩子不喜欢的食物便很少买给他吃，甚至干脆让它在餐桌上彻底消失。

家长这样做，孩子高兴了，但偏食的习惯也就慢慢养成了。

另一方面，家长要限制孩子的零食摄入量，因为大部分零食要么没有营养，要么热量过高——拿零食当饭吃，不仅浪费钱财，并且对孩子的身体一点儿好处也没有。

其次，吃饭会影响孩子独立自主的能力

生活中，一些家长因为担心孩子会将碗打碎，或是将饭菜弄得满桌子都是，于是采取了喂食的方式。

这样做的确省事，但孩子也失去了锻炼的机会，会变得越来越依赖大人。

我们时常会看到，一些孩子都上幼儿园甚至小学了，家长还在后面追着给他们喂饭。

吃饭看似是一件小事，实则是孩子学习独立生活的开始，家长应该抓住这一关键时期，凡是孩子能够独立完成的事情，都让他们自己去做，哪怕弄得一塌糊涂也是一件好事。

第三，吃饭能够培养孩子的礼仪

从一个人吃饭的姿势，可以看出他的家庭教养。

家长应该利用吃饭的机会，教育孩子怎样正确拿碗筷，保持端正的坐姿；同时还应该教育孩子礼让长辈，比如，让长辈先入座、给长辈先盛饭等。

此外，孩子吃饭时，不要让他们在盘子里挑来挑去，更不要让他们将好吃的食物搬到他们自己手边，把不好吃的食物推给别人。

第四，吃饭能够激发孩子的感恩之心

每一粒粮食都来之不易，都浸润着劳动者的汗水和心血。

通过吃饭，家长可以激发孩子对大自然的感恩之心，因为粮食是大自然赐给人类的恩泽；可以激发孩子对劳动者的感恩之心，因为粮食是他们用双手生产出来的；可以激发孩子对父母的感恩之心，因为粮食、蔬菜、肉蛋等是父母用辛勤工作挣的钱买来的，也是父母将之做成了可口的饭菜。

懂得感恩的人才会珍惜别人的劳动成果，才会拥有积极向上的心态。

第五，吃饭能够培养孩子专一的习惯

把吃饭当作一件神圣的事来做，孩子才会专心致志地享受美食带来的快乐。相反，孩子一边吃饭一边看电视，一边吃饭一边玩玩具，这些行为都是不可取的。

此外，家长最好能营造良好的就餐环境，比如，关掉电视机、手机，让孩子把玩具收起来，等吃完饭再玩。

13. 好的亲子关系胜过好的教育

如今，不少家长热衷于名校、培训班，以为只要找到了好的老师、好的教育资源，孩子就能出类拔萃。

可教育专家认为，对孩子影响最大的不是学校，而是父母。因为一个人的性格、习惯、品行、兴趣爱好等主要来源于家庭，而这些比老师传授的知识更能决定孩子将来成功与否。

既然和谐的亲子关系对孩子的成长如此重要，那么，我们应该如何走近孩子，与孩子建立亲密的关系呢？

首先，要学会接纳孩子

当孩子遇到困难或受到委屈时，最需要的不是一位能说会道的教育家，而是一位能够理解、包容和认同他的人。如果此时父母能认真倾听孩子的心声，给予他们关怀和安慰，亲子关系便会瞬间升温。

事实上，许多孩子不愿亲近父母，不愿把学习和生活中的苦恼告诉父母，其根本原因就是孩子之前向家长倾诉时，家长没能站在他们的立场接纳他们，致使他们感受不到父母的尊重和理解。

比如，孩子犯错或闯祸后，他们的内心其实很惶恐，特别需要父母的安慰和呵护。如果此时父母再在伤口上撒盐，孩子会更加受伤。

父母要学会接纳孩子，无论他是优秀还是平庸的，是乖巧还是顽皮的。

当然，一般的父母都无法接受孩子特别的顽皮、撒泼，尤其是无理取闹、乱发脾气。

实际上，每个孩子身上都有一些缺点和毛病，家长只有无条件地接纳孩子，才能真正了解孩子，与孩子成为“知心朋友”。

其次，要与孩子加强交流与沟通

沟通是化解矛盾、增进感情最有效的方式，无论平常工作多忙，家长都要抽时间去陪孩子。

比如，利用送孩子上学的时间，与孩子边走边聊，了解孩子各方面的状况；睡前给孩子讲一些轻松愉悦的故事，并与孩子一起探讨故事中的人物和情节，引导孩子做一个积极向上、乐观勇敢的人。

此外，沟通的方式也可以多种多样，比如，写信、打电话、QQ 留言等。当然，要想营造轻松愉悦的谈话氛围，家长还得多了解孩子的兴趣爱好，善于敏锐地抓住时机，引起孩子的谈话兴趣。

再次，时常亲吻拥抱孩子

著名富商李嘉诚在回忆自己儿时所受的教育时，曾意味深长地说：“最难忘记的是父亲的拥抱。我至今还清楚地记得，稳健而富有涵养的父亲，与我亲密接触时，常常会忍不住紧紧拥抱我，并把我举得很高……”

肢体的接触是一种无声的语言，父亲宽厚的肩膀就是孩子力量的源泉，母亲温暖的怀抱便是孩子心灵的港湾。

心理学家研究发现，人都有一定程度的“皮肤饥饿感”——在父母与孩子的各种接触中，抱和搂着孩子的肩膀最能使孩子产生强烈的幸福感和安全感。

日常生活中，家长不要放过任何一个与孩子亲密接触的机会，比如，拍拍他们的肩，摸摸他们的头，拉拉他们的手。

可以说，好的亲子关系胜过好的教育，建立了良好的亲子关系，家庭教育就等于成功了一半。

14. 不要忽视噪音对孩子的影响

有天，一位朋友向我倾诉，说她的孩子学习不太好，作业老是出错，比如，结果明明是 28，偏偏就写成了 18。

为了提高孩子的学习成绩，她想了许多办法，鼓励过孩子，给孩子买过资料，还送孩子去辅导班学习过，但这些都无济于事，孩子照样出错，成绩照样低下。

听了朋友的诉说，我估计问题主要出在家庭环境方面，于是问她：“你家住在几楼？平常家里有人大声看电视吗？”

朋友听后没有立即回答我，而是一脸疑惑地望着我说：“这与孩子学习成绩低下有关系吗？”

我点点头说：“当然有，而且可能是直接原因。”

据朋友介绍，她家住在二楼，因为临街，喇叭声、吆喝声、吵闹声此起彼伏，很少有安静的时候，但他们都习以为常了。

此外，朋友还有看电视和打麻将的习惯，周一至周五主要待在家中看电视，周末时常约朋友来家里打牌。

了解完情况后，我微笑着对朋友说：“这就对了，原因就出在这儿。喧闹的环境会让孩子变得烦躁，没办法静心思考，这就会造成孩子做作业频频出错。

“要是家长再不分青红皂白，一顿臭骂，那绝对会让孩子的心灵雪上加霜，甚至出现厌学情绪。”

朋友听后，不以为然地说：“这怎么可能呢？也许电视的声音会对孩子的学习造成一定的影响，但我们家有单独的书房，孩子平常都在书房里读书和写作业。况且，我们看电视时都关着门，对孩子应该不会有多大的影响。”

见朋友还没有认识到噪音对孩子的影响，我只好继续给她上“政治课”：“虽然你关着门，但孩子还是能够听到一些清晰或模糊的声音，这些声音或多或少都会打断孩子的注意力，干扰孩子思考。

“更重要的是，孩子觉得这极不公平，因为全家人都在看电视，唯独她一个人在写作业——带着这种不满的情绪，她很难认真地完成学习任务。”

此外，中外不少育儿专家认为，长期生活在安静、柔和环境中的孩子，智商往往比较高；而长期生活在充满噪音的环境中，孩子的智力发育则会受到不同程度的影响。

为了验证这一点，美国的一家研究机构专门用小鸡做了一次实验。结果发现，高强度的噪音可以在数小时内损害小鸡的脑细胞，所以仅仅过了几天，小鸡的神经细胞便开始萎缩甚至死亡。

法国的一项试验也表明，噪音在 55 分贝时，孩子的理解错误率为 4.3%；而噪音在 60 分贝以上时，孩子的理解错误率则上升至 15%。

由此可见，噪音不仅不利于孩子的智力发育，也不利于孩子学习成绩的提高。

最后，我奉劝朋友，尽量改装一下家里临街一面的玻璃和门窗，给孩子营造一个安静、祥和的环境。特别是在孩子学习时，最好关掉电视机，坐在一旁默默地陪着她。

半年后，再次遇到那位朋友，她惊喜地告诉我，按照我说的方法，她女儿的学习成绩果然提高了不少。

15. 孩子爱攀比怎么办

有个朋友跟我说，他的孩子特别喜欢与同伴比较，什么别人的彩笔比她的多，裙子比她的漂亮，发卡比她的精致……总之，无论什么东西，孩子总要与别人一较高下、一比好坏——要是不如别人，就会十分气恼，甚至产生愤恨的情绪。

朋友十分担忧，害怕孩子养成爱攀比的不良习惯，从而影响学习和生活。

朋友的困惑也是许多家长的困惑。我时常听到人们叹息：现在的孩子不知怎么了，才上幼儿园就知道拼爹拼妈、跟人炫富了，长大后真不知道会成为什么样子……

其实，家长口中所谓的攀比，与我们成人理解的攀比有很大的区别。大致来说，孩子的“攀比”行为主要出于以下几种心理：

一是强调自我存在。在 3 岁左右，孩子便有了很强的自我意识，他们会通过观察比较，确立自己的位置。

二是好胜心理作祟。每个人都有好胜心，这是天性使然。孩子也不例外，尤其是男孩子，他们天生就喜欢与人“较劲”，任何事非得分个你强我弱。

三是爱表现。孩子希望通过比较，突出自己的能力和优点，以此博得老师和父母的关注。可以说，每个孩子都期望自己是一块洁白无瑕的美玉，能成为父母、老师甚至他人手心里的宝。

既然孩子爱“攀比”是一种常见的现象，那么，我们该如何引导孩子，使其转化为积极的、健康的，有利于孩子全面发展的助力呢？

首先，家长要引导孩子正确认识自我，正确对待别人的优缺点

所谓尺有所短、寸有所长，每个人都有长处，也毫不例外地都有短处。

家长要教育孩子学会欣赏别人的优点，学习别人的长处，同时正视自己的短处，接纳自己的不足——千万不要拿自己的短处与别人的长处比，也不要拿自己的长处与别人的短处比。

其次，家长要合理引导孩子的竞争意识

拥有好胜心本是一件好事，这说明孩子喜欢奋发向上，不愿落后于人。家长正好可以利用这种心理，调动孩子的热情和积极性，引导孩子与人合理竞争。

值得一提的是，家长在培养孩子的好胜心时，一定要引导孩子远离消极的、负面的情绪，不嫉妒他人，不以打败别人为乐，不为取胜而不择手段——笑对挫折，笑对失败，保持乐观的心态，胜不骄，败不馁。

对于能力比较弱的孩子，家长要有耐心，教育时要鼓励他们勤加学习，并肯定他们取得的点滴进步，让他们体会到成功的喜悦。

此外，家长还要注意自己的言行，不要随便拿自己的孩子与别人比较。

有些家长，只要孩子的表现没有达到自己的预期，便对孩子大加贬损，并以别的孩子为标杆，一口一个“你瞧别人家的孩子”。

这种比较是毫无意义的教育方式，它不但不会刺激孩子上进，还会让孩子活在“别人家的孩子”的阴影里，从而变得自卑怯懦，破罐子破摔。

16. 和女儿 PK 汉字

女儿一直不太喜欢语文，尤其是作文，书写也很差，写错字、漏字是常有的事。

为了激发女儿对语文的兴趣，我曾做过多方面的努力，比如给孩子讲故事，鼓励孩子阅读课外书，引领孩子背诵唐诗宋词，督促孩子听写生字、生词等，但效果均不理想，女儿身上存在的问题仍然没有得到解决。

那天，我看了某卫视举办的《汉字英雄》，眼前突然一亮：孩子都有很强的好奇心和好胜心，我何不在家中也搞一个“汉字 PK”大赛呢?

于是，我微笑着对女儿说：“宝贝，咱们来玩一个游戏怎么样?”

女儿听到游戏一词，立刻来了精神，两眼放着亮光，高兴地拍着手说：“好啊！爸爸，我们玩什么游戏?”我回答说：“像电视里那些哥哥姐姐一样，玩‘汉字英雄’。”

女儿本来就喜欢这个节目，现在我提出要玩这个游戏，她自然十分乐意。

我立即准备了一个题板，几张白纸。

比赛开始了，第一轮由女儿选题，她抽到了“提手旁”。女儿首先写了“打”字，我写了“扛”。随后，女儿写了“找”，我写了“把”……

为了不打击孩子的积极性，当女儿写到“攒”时，我故意装作写不出来的样子。女儿见状，得意扬扬地开始倒计时报数：10，9，8……1，时间到。

接着，女儿宣布了结果。

第一轮比赛失败后，我赶紧找来一本字典，翻看还有哪些提手旁的字。

女儿也跟着凑过来，她大致数了一下，竟然有六七百个之多，而我们却只写出了 40 多个。女儿不禁感叹说：“我们掌握的汉字实在太少了！”

第二轮由我选题，我抽到了“拼音 yi”。我首先写了“衣”，女儿写了“一”。随后，我写了“怡”，女儿写了“已”……

经过一番激烈的拼杀，我们各写了 12 个汉字。最后，当我写下“疫”时，女儿卡住了，结果第二局我获胜了。

女儿很不服气，立刻拉开了第三局的序幕。

这一次女儿抽到了“三点水”。她遇事喜欢哭，于是，她写下了第一个字“泪”，我写了“汉”。女儿取巧，随即写了“汗”，我回应“汽”。

随后，女儿一口气写了河、汁、池、泛、沫、泊、沿、泡、泣、泊等 20 余字，我小心翼翼地应对着，既不让女儿落败，也不让她轻易获胜。

这轮比赛进行了很长时间，因为三点水的字实在太多了。当然，最后我还是巧妙地让女儿赢了。

接下来的日子，我几乎天天与女儿 PK 汉字。

为了打败我，女儿不得不事先准备，默记了许多汉字。过了一段时间，我惊讶地发现，女儿的词汇量突飞猛进，有时不用我让，她也能掌握主动权。

为了进一步扩大战果，我还与女儿开展了“汉字听写比赛”“诗歌朗诵比赛”“讲故事比赛”“作文大赛”“书法大赛”等丰富多彩的活动。

在一次次比赛中，女儿渐渐克服了以往的毛病，也慢慢爱上了汉字，爱上了语文。

17. 做孩子的“拉拉队”

在孩子的成长过程中，家长扮演着一个十分重要的角色。出于对孩子的关心和爱，他们常常会情不自禁地当起教练或裁判，要么空洞地进行说教，替孩子做决定；要么指责孩子这里做得不对，那里做得不好。

家长以为这样就能让孩子看到差距，认识到自己的不足，从而奋发进取，搏击长空，成为天之骄子。而事实上，教练式的家长，抑或裁判式的家长，往往会打击孩子的自信心，扼杀孩子自主探索的意识，结果好心办了坏事。

其实，孩子就像一棵树，栽下以后就要让他自己吸收水分和营养，不管他的生长速度是快还是慢，家长都不要着急——你要相信，只要是树，就一定会成材，我们只需要站在一旁，静静地等待，时不时地为他鼓掌加油。

曾有一位老师，他给学生布置了一篇作文，要大家谈谈自己的理想。

一个孩子这样写道：长大后，我要做一名农场主，建一座漂亮的梦幻庄园，里面有一望无际的草坪，有清澈的小溪，有五颜六色的鲜花，并且每天一睁开眼就能听到鸟叫声……孩子极力描述着未来的美好生活。

这本来是一篇十分富有想象力的作文，但老师却打了一个不及格的分数，还让那个孩子重写一篇。老师的理由很简单：你一个穷人家的孩子，连基本的温饱都解决不了，凭什么能够拥有一座巨大的农场?

那个孩子有些难过，也有些失望，他不明白老师为什么会觉得他的想法不着边际。回到家里，他拿起笔后犹豫不决，不知是该听老师的，还是坚持自己的想法。

正好这时父亲走了进来，于是，孩子向父亲诉说了自己的苦恼。

父亲听后拍着手说："孩子，这是一个了不起的想法，爸爸支持你！无论什么梦想，只要你勇敢地去追求，终有一天会变为现实的。"

父亲的回答给了孩子莫大的鼓舞。第二天，孩子将只字未改的作文重新交给了老师，并说："即便您再次给我的作文打不及格的分数，但您也不能阻止我的梦想。"

多年后的一天，当这位老师带着一群学生去一座美丽的农场观光时，他惊讶地发现，农场的老板竟是当年那个作文不及格的学生。

由此可见，父母的鼓励对孩子的成长和成功是多么的重要！

孩子需要父母的支持，就像花儿草儿需要阳光，需要雨露一样。在人生的竞技场上，充满了许多的变数，我们永远无法规划孩子的未来，一切只能靠他们自己去努力，去争取。

所以，家长与其做孩子的“教练”，不如做孩子的“拉拉队”，始终站在孩子的一边，为他们呐喊助威，让他们充满信心，保持良好的竞技状态，勇敢地克服前进中的一切障碍。

18. 不要拒绝孩子的爱

周末，我带女儿去朋友家做客，朋友拿出他从香港带回来的零食招待女儿。出乎意料的是，女儿拿到零食后，没有直接放进自己的嘴里，而是递到了我的手上。

朋友见状，感到十分惊讶。他说，现在的孩子都非常自私，有什么好的东西只会想到自己，很少见到像我女儿这样懂事的孩子。

朋友问我：“你是怎么教育孩子的，有没有什么特别的方法？”

我微笑着说：“其实，我也没有怎么刻意地教育孩子，只是每次孩子给我东西时，我不是婉言拒绝，而是欣然地接受，并极力地夸赞孩子的行为。长此以往，孩子有什么好的东西总是乐于与我分享。”

许多父母责备自己的孩子自私，没有爱心，整天就知道要这要那，并把主要责任归咎在孩子的身上——殊不知，造成这一结果的罪魁祸首正是自己。

比如，当孩子将一个香喷喷的鸡蛋递到妈妈的嘴边时，我们经常听到妈妈这样说："孩子，你吃吧，妈妈感冒了，没有胃口。"

当孩子看到妈妈工作太辛苦，打算帮妈妈分担一些家务时，我们经常听到妈妈这样说："去，去，赶紧写作业去，学习好了比什么都重要。"

当母亲节到来时，孩子用自己的零花钱给妈妈买了一束鲜花时，我们经常听到妈妈这样说："你钱多得用不完了吗？这么贵的花你也敢买，赶紧给我退回去。"

其实，孩子的这些行为都是在向父母表达他心中的爱。可是，父母总是忽视孩子爱的行为，或是惜钱，会有意无意地拒绝孩子的爱。

《三字经》里说："人之初，性本善。"孩子在小的时候，通常都有一颗赤子之心，尤其是对待自己的父母。

细心的家长一定会发现，孩子在生活中时常会向父母表达他们的爱，比如，孩子喂父母吃东西、把他们喜欢的玩具给大人玩等。

不过，很少有家长能意识到，这是一种爱的表现。

此时此刻，家长要做的不是拒绝，而是开心地接受，让孩子体会到爱带给他们的快乐。

如果孩子在给予父母爱时，长期遭到父母的拒绝，他们就会放弃施爱，只习惯被爱，从而变得自私自利。

很多父母总是喜欢将自己对孩子的关心和爱藏着掖着，其实这种做法极为不妥，因为这不仅不能让孩子感受到父母的爱，还会在无意中扼杀孩子刚刚萌发的爱。

曾看过一幅漫画，讲的是一对母子的故事：由于家庭贫困，每次吃鱼时，母亲都将鱼身夹给孩子，而将鱼头留给自己。

有一次，孩子懂事地将鱼身夹给母亲，结果母亲又将鱼身夹回了孩子的碗里，并说："孩子，妈妈不喜欢吃鱼身，只喜欢吃鱼头。"

母亲的意图很明显，因为鱼身肉多，可以给孩子补补身体，于是就编出了喜欢吃鱼头的理由。但孩子并不明白母亲的用心，还以为母亲真的喜欢吃鱼头。

多年后，孩子长大成人了，但每次吃鱼时，他还是习惯性地将鱼头夹给母亲。

雨果说："人间如果没有爱，太阳也会灭。"作为家长，请你大胆地表达你的爱吧！请你心安理得地接受孩子的爱吧！因为只有当爱遇到爱，爱才会开花结果，才会欣欣向荣。

19. 每天给孩子一句鼓励的话

我们经常会听到一些父母随意地讽刺、挖苦或训斥、辱骂孩子。虽然很多家长都是出于“恨铁不成钢”的心理，希望用偏激的方式来激励孩子、拯救孩子，但这些看来无关紧要的字眼，其实属于语言暴力，它不仅收不到良好的教育效果，还会对孩子的心灵造成伤害。

我们都知道体罚不利于孩子的身心健康，而心罚则往往更胜一筹，因为“哀莫大于心死”。

战国时间，齐相晏子为了帮助齐景公铲除田开疆、公孙接和古冶子三位功高震主的大将，设了一个妙计：他让人摘了六个桃子，先献给鲁昭公和齐景公各一个，然后让齐景公将剩下的四个桃子赏给三位大将中功劳最大的人。

晏子认为叔孙诺名闻天下，功劳最大，最应该得到一个桃子；而叔孙诺认为晏子内修国政，外服诸侯，功劳最大，最应该得到一个桃子。齐景公见他们二人如此谦虚，于是每人都赏了一个。

齐国除了晏子和叔孙诺外，功劳最大的当数田开疆、公孙接和古冶子三位大将，可是由于只剩下两个桃子，根本不够分了。

这时，公孙接急忙站出来，以“杀虎救主”为由获得了一个桃子；而与此同时，古冶子也以“杀鼋救主”为由获得了一个桃子。

田开疆见公孙接和古冶子都获得了齐景公奖赏的桃子，而自己却未能获得奖赏，觉得这是一种莫大的侮辱，于是挥剑自刎。见此，公孙接和古冶子也羞愧地自杀了。

就这样，有着“齐国三杰”之称的田开疆、公孙接和古冶子没有死在沙场上，却死在了一个小小的桃子上。

由此可见，心灵受到伤害是多么可怕啊！

记得在一本书上看到过这样一个故事：有一个孩子在上小学时，他的学习成绩很差，考试经常不及格。一次开家长会，班主任老师好心地对他的母亲说：“你的孩子智力可能有点问题，你最好带他到医院去检查一下。”

孩子垂头丧气地回到家里后，等待着母亲的发落。

出乎意料的是，母亲欣喜地告诉他：“老师说了，你是一个聪明的孩子，只要肯努力，考60分肯定没问题。”

转眼间，孩子上了初中。他的母亲又一次被老师叫到学校，老师忧虑地说：“你的孩子基础太差，考高中可能没有什么希望。”

母亲听了很伤心，但她回到家里后还是高兴地对孩子说：“老师说了，你学习很认真，考高中肯定没有问题。”

不知不觉，孩子上了高中。一次，老师如实地对他的母亲说：“你的孩子学习很努力，但考重点大学可能有些难度。”

母亲听后很难过，但她回到家里后还是开心地对孩子说：“老师说了，只要你再加一把劲，考重点大学肯定没问题。”

三年后，孩子如愿以偿地领到了某重点大学的录取通知书。

由此可见，激励的力量是多么巨大！

教育孩子，家长最好少批评、少指责、少挖苦，而要多发现、多鼓励、多表扬。其实，每个孩子身上都有许多闪光点，只要家长用心观察，是很容易发现的。

比如，孩子按时起床、主动叠被子、帮父母放洗脸水等，这些都是孩子在日常生活中会表现出来的优点。

而每当家长放大孩子的一个优点，孩子的内心就会受到一次鼓舞，就会信心百倍。既然如此，我们何不每天给孩子一句鼓励的话呢？

20. 饭桌教子不可取

可能不少父母都有这样的习惯，喜欢在就餐时问长问短，对孩子评头论足，比如：今天上的什么课？作业完成没有？有没有考试，考了多少分？有没有和同学闹矛盾……

本来这是一番好意，但听到孩子的耳朵里却完全变了味，有的觉得父母啰唆，有的认为父母对自己不放心。

若是孩子的回答让父母不满意，家长则会唠唠叨叨，不停地给孩子讲道理。

对此，脾气好一点的孩子可能会保持沉默，然后迅速吃完碗里的饭，逃离父母没完没了的追问；而脾气急躁一点的孩子，可能会直接与父母顶嘴，甚至放下碗筷，赌气回到自己的房间。

结果，一家人的聚餐变得索然无味，不欢而散，孩子不开心，家长也不满意。

在当今这个快节奏的时代，父母大多忙于工作，亲子时间越来越少，于是，许多家长便利用吃饭的时间来“关心”孩子，以期达到理想的教育效果。

事实上，无论出于什么原因，“饭桌教子”都是不可取的。

首先，“饭桌教子”不利于和谐的亲子关系

吃饭本来是一件愉快的事情，父母应该尽量营造良好的气氛，让孩子心情放松，开心进食。

如果父母像审犯人一样逼问孩子，像对待敌人一样批评孩子，势必会破坏这种美好的氛围，使饭桌上充满浓烈的火药味，有时甚至会升级为矛盾冲突，致使双方的关系越来越僵，距离越来越远。

所以，饭桌上的“关心”不但起不到沟通、交流、教育的作用，还会伤害彼此间的感情。

其次，“饭桌教子”不利于孩子的身心健康

有的孩子生性胆小，稍微被父母责备几句，便会心情抑郁，泪流满面。在这样的情况下，孩子已经憋了一肚子的委屈，哪还有心情享用美食呢?

于是，大多数孩子会选择放弃进食，饿着肚子去上学，至于学习效果，肯定会大打折扣。

更重要的是，如果孩子一直处于不良的就餐环境中，就会渐渐对食物失去兴趣，产生厌食或偏食，从而导致食欲下降，造成营养不良，甚至落下胃病等。

据一项调查研究表明，如果父母长期在吃饭时指责和批评孩子，会让孩子感到十分紧张，进而产生恐惧，诱发心理疾病。

同时，孩子在呵斥、辱骂声中进食，会吸入大量二氧化碳，影响食物的消化和吸收。如果孩子边抽泣边吃东西，还容易将食物吸进气管里，引起呛咳，严重时甚至会阻塞呼吸道，造成休克或死亡。

因此，对于孩子的教育，家长一定要慎重对待，尽量错开吃饭时间，并保持足够的耐心和信心，切勿采取生硬的方式——要做到尊重而不放纵、关怀而不干涉、分享而不教导、邀请而不要求。

所谓“寓教于乐”，无形的教育或许更有利于孩子的健康成长。这一点，每位家长要切记。

21. 让孩子学会分享

有天下午，女儿放学回家后，看起来一副闷闷不乐的样子，一问之下才知道：原来，老师给他们安排了一个任务，要求大家将自己最心爱的玩具拿出来与别人一起分享。

女儿为此显得有些为难……说实在的，她一点儿也不向往别人的东西，只希望自己的玩具不要被同学弄坏就好了。是的，她的自我意识向来很强，喜欢独来独往，不愿与别人分享什么。

之前，我一直想通过自己的言传身教去影响孩子，但收到的效果甚微，那么，何不利用这次机会，让孩子学习与人分享的乐趣呢？

打定主意后，我来到女儿跟前，轻轻地拍了一下她的额头说："孩子，我曾经也遇到过和你一样的难题，当时我很害怕与别人分享自己的东西，担心一不留神就被别人抢走了。

"可是，有一次，我大着胆子将自己最珍爱的玩具给了伙伴玩，结果，我惊奇地发现，自己不但没有失去什么，反而得到了许多快乐。

"从此以后，我经常与同伴分享自己的东西，我身边的朋友越来越多。要不你也试试看？说不定还能交到一些好朋友呢！”

虽然女儿还不能完全理解我所说的话，但她半信半疑地接受了我的意见，将自己最钟爱的玩具放进了书包里。

第二天，女儿从同学那里交换来了一件玩具。那是一个会哭、会笑、会闹的仿真娃娃，十分好玩——女儿对它爱不释手，脸上始终洋溢着开心的欢笑。

我问女儿：“宝贝，怎么样，你觉得与别人分享快乐吗？”

女儿点点头说：“是的，起初我还不敢确定，但当我看到同学拿着我的玩具后那副欢喜的样子时，我的心里有着说不出的激动，既为同学喜欢我的玩具而高兴，也为自己做了一件有意义的事而高兴。以前，我对别人的东西不屑一顾，而事实上，别人的玩具也挺好玩的，比如，这个可爱的仿真娃娃。”

我不失时机地夸赞道：“真是一个好孩子！以后要多与别人分享，不光是好的东西，还有不如意的事情。那样，一份快乐就变成了两份快乐，一份烦恼就变成了半份烦恼——这对自己和别人都有益处，何乐而不为呢？”

女儿也开心地说：“是啊！我一直错误地认为，与别人分享就是让别人掠夺，从来没有想到，分享原来是一件十分快乐的事。早知如此，我会把自己所有的好东西都拿出来与别人分享，我再也不做以前的小气鬼和自私鬼了。”

经历了这件事后，女儿一下子打开了心结，她不再拒绝别人好意的邀请，像防贼一样地防着别人，做独行侠，事事以自我为中心了。无论是苦，还是乐，她都愿意与大家一起分享。

不仅如此，女儿还学会了与同学交流，懂得关心他人、谦让他人、落落大方、彬彬有礼了。

看到女儿的进步，我会心地笑了。

22. 家有小马虎

不知从何时开始，女儿养成了粗心大意的习惯，尤其在数学方面最为突出，看错题、漏题、忘了进位等是常有的事，有时甚至一道题只做了一半，而忘了后面一半。

比如：明明是 6×9，她得出的答案却是 15；明明草稿本上的计算结果是 78，但她写到作业本上却变成了 70……

起初，我将孩子的马虎单纯地归咎于不专心，对她妄加指责。后来通过观察我发现，其实，她的粗心另有原因。

首先，女儿没有养成检查作业的习惯

无论是考试，还是平常的作业，女儿总是做完就了事，从不检查其中有无错误。而事实上，低年级的学生由于心智发育还不成熟，注意力不太集中，出错的偶然性和随意性很大，如果能用心地检查一遍，可以杜绝 90% 以上的错误。

为此，我教给了女儿一个方法，那就是每做完一道题，迅速地检查一遍，确认无误后，再做下一道题。

为了让女儿养成检查作业的良好习惯，我还特地制定了一项措施：只是她检查出一处错误，就给予一颗红五星作为奖励，当红五星达到一定数量时，就给她买一份她喜欢的小礼物。

其次，女儿做作业时常常惦记着动画片

以前，我给女儿做了一个规定，要先完成家庭作业，然后才能看电视。而她喜欢的电视节目恰好在放学后播出，虽然迫于我的权威，她对此不敢有丝毫异议，但她心不甘情不愿，要么心不在焉，要么急着在短时间内完成作业，结果错误连连。

为此，我调整了一下女儿的作息时间，允许她先看电视，后做作业。没想到这种先乐后苦的方式，大大地提高了孩子的学习积极性，她的作业出错频率明显降低了不少。

第三，女儿几乎是在疲劳状态下进行学习

以前，我一直没有考虑到，女儿在学校学习了一天，精神已经极度疲惫，而这时再让她做作业，效率自然会十分低下。

意识到这一点后，女儿每次放学回家，我都让她先休息一会儿，放松放松，然而再去完成家庭作业。

同时，在时间上我也做了进一步调整，让女儿每次做作业的时间不超过半小时。因为孩子的注意力不能长时间地集中，一般只能持续一二十分钟，这就是为什么许多孩子喜欢一边做作业、一边玩耍的原因。

第四，女儿做事缺乏耐心

通常情况下，作业越少，女儿完成得越好；只要时间稍长一点儿，她就变得焦躁不安，总想尽快完成任务，结果欲速则不达，错误百出。于是，在日常生活中，我会刻意制造一些机会，培养她的耐心。

第五，女儿缺乏责任心

一直以来，女儿的主人翁意识都不强，总觉得学习是为了哄老师和家长开心。于是，我决意从培养孩子的学习兴趣入手，并让她在学习过程中获得成就感，体验成功的快乐，进而增强自主意识和责任感。

第六，女儿对基础知识掌握得不牢

从根本上讲，女儿做作业时常会出错的主要原因，还是因为基础不牢。要彻底改掉她粗心马虎的毛病，唯有加强基本功练习，掌握一定的学习方法。

经过我这一系列的“组合拳”出击，女儿粗心的毛病得到了很大的改观。如今，我们家的“小马虎”再也不见了。

23. 带着孩子去冒险

生活中，一些父母出于安全考虑，常常限制孩子的诸多行为。

比如：孩子想单独上街买东西，家长会说，这怎么行呢，大街上汽车太多了，不安全；孩子拿起水果刀，想自己削苹果，家长赶紧制止说，快放下，它会伤着你的；孩子洗完头拿起吹风机，想自己吹干头发，家长一把夺过来说，这东西有电，千万不要碰……

其实，孩子需要一点冒险精神，我们应该鼓励他们去冒险，或者带领他们去冒险。

有个周末，我带女儿去公园坐海盗船。

刚开始，女儿兴致勃勃，一路上有说有笑。可是到了游乐场，女儿却退缩了，她紧紧地拉着我的手说：“爸爸，我们能不能换一种游戏，我不想坐海盗船。”

我不解地问：“为什么呀？咱们不是说好了，这次专门来坐海盗船的。”

女儿怯怯地说：“我害怕，你看那船荡得多高呀，要是从上面摔下来该怎么办呢？”

我笑着对女儿说：“傻孩子，怎么会呢，座位前有护栏，身上还有安全带，非常安全的，你不用担心。再说，有爸爸在一旁陪着你，不会有事的，你瞧别人玩得多开心啊！”

女儿有些犹豫不决，一方面，她很想体验一番海盗船的新鲜与刺激；但另一方面，她又顾虑重重，害怕冒险。

见此，我语重心长地对女儿说：“孩子，如果你选择放弃，或许你一整天都会不开心的。但如果你选择面对，或许一切并没有你想象的那么可怕，要不咱们试一试？”

女儿听后有些心动，但她还没有完全战胜自己，依然站在原地，不敢向前。我继续鼓励她说："孩子，来吧，让我们一起去迎接海盗船的挑战吧！"

在我的再三鼓舞下，女儿终于登上了海盗船，而随着船体缓缓上升，她的情绪也开始一点儿一点儿地紧绷起来。

我坐在一旁安慰她说："孩子，第一次坐海盗船都会有一点紧张，你放松一些，抓紧护栏，尽量不要看周围的景色，那样就不会这么害怕了。"

女儿按照我说的做了后，果然平静了许多。但当海盗船荡到最高处时，她还是吓得哭了起来，并哀求道："爸爸，我害怕，你让他们立刻停下来。"

我对她说："你害怕，就大声地叫出来吧，这样能够缓解你内心的恐惧。"过了一会儿，女儿终于适应了船上的环境，不再那么害怕了。

从海盗船上下来，我亲切地问女儿："现在感觉怎么样？"她说："有一点儿害怕，但也觉得很快乐。"

经历了这件事后，我经常带女儿一起去冒险，比如爬树、游泳、爬山、骑自行车等。一段时间下来，我发现女儿比以前更加勇敢了，还具有了一定的探索意识和创新精神。

这时，我才突然明白，与其武断地拒绝孩子，不如教孩子掌握一定的安全知识和防护措施，为他们提供一定的安全保障。

24. 关注并非伤害

身为人父之后，我才感到自己责任重大。

《三字经》中说：“养不教，父之过。教不严，师之惰。”孩子将来会成为一个什么样的人，在很大程度上取决于父母的教育，可以说，孩子成长的每一步都浸润着父母关注的目光。

然而，要教育好孩子却并非一件容易的事，因为孩子常常会不受我们的控制，不按我们的意愿出牌。

先前，我一直认为自己是一个脾气很不错的人，可是当接管了孩子的教育后，我才发现自己的耐心远远不够。孩子总是不长记性，总是不断地犯错，并且在同一个问题上会重复犯错。

尽管我极力克制，告诉自己一定要冷静，要想办法改变孩子的现状，可是，情绪的暴发总是令人猝不及防——当孩子离自己的期望越来越远时，我终于忍不住对女儿大呼小叫，并用武断的方式来管教她，比如指责、辱骂、体罚。结果，这些过激行为不但没能让她迈上阳光大道，反而滞碍了她的成长。

无可否认，每一位家长都在孩子的身上倾注了不少时间和心血，无论他们采取什么样的教育方式，出发点都是好的，都希望把自己的孩子教育成人中龙凤，使其拥有美好的前途。

可是，在无形之中，家长的爱变成了一把伤害孩子的利剑。本来关注孩子的学习与生活是一件好事，但很多父母不知道关注也分为两种，一种是积极的关注，比如关心、爱抚、交流、微笑等；一种是消极的关注，比如咆哮、挖苦、训斥、责骂等。

积极的关注有利于孩子的成长，而消极的关注则会滞碍孩子的成长。然而遗憾的是，不少家长选择了后者。

每个孩子内心都渴望得到父母积极的关注，如果他们的愿望得不到满足，就会采取消极的方式来引起父母的注意，这就是为什么有的孩子在学校故意调皮捣蛋的原因。

其实，孩子的要求很简单，他们只是希望得到老师和父母更多的肯定和表扬。

英国育儿专家佩内洛普·利奇曾说："与孩子们一同成长是一段漫长的旅程，我们要用头脑和心去教导他们，而非用手和皮带。"教育孩子是一项伟大的工程，不是一朝一夕就能收到成效的，它需要长期的努力、科学的管理、足够的耐心、足够的信心。

当孩子遇到困难时，他们希望得到的是父母的帮助，而不是惩罚。

惩罚孩子只是一种短视行为，父母要有长远的目光，不与他人争一时之长短。所谓"严师出高徒，棍棒出孝子"的方式早已不适合今天的教育，我们不能将父辈施加在我们身上的方法，再生硬地用到自己孩子的身上，那样只会造成伤害和痛苦。

引导并非管教，关注并非伤害。

每一位家长都应该清醒地认识到：教育的目的，首先是让孩子成为一个人，其次才是让孩子成为一个有作为的人。消极的关注只会背离教育的目的，让孩子在成长的路上越走越远。

25. 让孩子输得起、放得下

许多细心的家长一定会发现，孩子争强好胜的心理特别严重，如果赢了，就会呵呵大笑；如果输了，就会又哭又闹。

争强好胜本是一种正常的心理、一种积极的行为，但如果引导不当，很可能会带来负面影响。

有一天，女儿缠着我，让我陪她下五子棋。

我知道女儿的个性，是那种赢得起、输不起的，于是与她事先约定，各走各的棋，各使各的招，赢了可以笑，输了不许闹。女儿点头应诺，还与我拉钩保证。

第一局刚开始，女儿的求胜心理就暴露无遗，她的进攻非常猛烈，几乎步步相逼。我则淡定自如，一边小心翼翼地应对，一边悄无声息地布局，等到女儿失去进攻的机会时，我抓住机会，一个出其不意的反攻，立即让女儿败下阵来。

见自己输了，女儿气急败坏，大声地吼道：“这局不算，是我注意力没有集中，重来！”

我提醒女儿：“难道你忘了我们刚才的约定吗，赢了可以笑，输了不许闹。如果你输不起，干脆就不要下棋。”

女儿立刻意识到自己的不对，她的情绪有所缓和。

我又接着说：“孩子，胜负乃兵家常事，任何竞技活动都会有输有赢，没有谁能够永远胜利，当然也没有谁会永远失败。加油，说不定，下一局你就会旗开得胜。”

女儿听后，紧蹙的眉头慢慢舒展开来，然后很不服气地说：“再来一盘，我不相信赢不了你。”

考虑到孩子的感受，第二局我没怎么用力，所以将棋走得很乱，尽量让女儿占据优势。

经过一番“激烈”的厮杀，女儿获得了胜利。她高兴地拍着手说：“耶！我赢了，爸爸输了，再来，再来！”

这时，我故意装作难过的样子说：“不行！不行！我不玩了。”

女儿见状，学着我刚才的语气说道：“爸爸，难道你忘了我们的约定吗？要赖是没有用的，要想赢就赶紧出棋吧。”

接着，我与女儿又下了一局。

这次，我全力以赴，很少让她。

棋局立刻发生了巨大的变化，眼见自己就要输掉棋局，她的老毛病又犯了——她用手挡住我要落子的地方，并让我将棋子放在她指定的位置上。

我深知，棋局是小，成长是大。记得一位教育专家曾说，让孩子输得起，放得下，将来才能在激烈的竞争中站稳脚跟，才能取得最终的胜利。如果孩子连这点挫折都接受不了，将来又如何面对人生中的坎坷呢？

于是，我断然拒绝了孩子的要求，严肃地对她说：“尽管这只是一场游戏，但游戏有游戏的规则，如果破坏了，就失去了它的乐趣。输赢并不重要，重要的是参与，只要你尽了自己最大的努力，享受到了其中的快乐，又何必在乎输赢呢？”

从那以后，每次与女儿做游戏时，我总是与她约法三章，让她做到输得起，放得下，并能够做到真诚地祝贺最后的胜利者。

在这种正能量的熏陶下，女儿渐渐明白了：哭闹不能改变任何事情——要想获胜，就得不断努力。

26. 教育孩子无小事

柏拉图说：“人是习惯的奴隶。”而英国诗人德莱顿也说：“首先，我们培养习惯；然后，习惯塑造我们。”一个坏习惯的养成，往往是从一件微不足道的小事开始的。

我们经常会看到这样的场景:

孩子不小心摔倒在地，父母不但不指出问题所在，还会用脚跺着地面说:“让你绊倒我的宝宝。”

孩子主动给老人让座，父母不但没有表扬孩子，还撇着嘴说:“你还是个孩子，干吗要让座。”

孩子吃苹果时专挑大个的，父母不但没有制止孩子，还微笑着说:“别着急，都是你的。”

孩子做作业时粗心大意，错了很多题，父母不但没有批评孩子，还指责老师没有教好。

孩子与同学发生了矛盾，家长不分青红皂白，拉着孩子说:走，我们找他家长去……

家长很少意识到，这些不以为意的行为，会影响孩子习惯的形成和性格的塑造。

有这样一个案例:一个孩子在玩耍时，看到一个小女孩手里拿着一块面包，于是他大摇大摆地走过去，一把夺过了那个小女孩手中的面包，然后津津有味地吃了起来。

当时，孩子的母亲就在身边，但她并没有将这当成一回事，只是给那个小女孩重新买了一个面包。然而，就是这样一个小小的细节，却毁掉了孩子的前程，葬送了孩子一生的幸福——长大后，他成了一名抢劫犯。

这样的结果令人十分痛心，可是回过头想一想，要是当初孩子的母亲能够正确地对待这件事，或许就不会发生后面的悲剧了。

孩子小的时候，是非观念非常淡薄，他们分不清哪些行为是好的，哪些不好；哪些事情可以做，哪些不能做。这就需要家长正确引导，对孩子不当的行为加以制止和教育。

如果孩子做错了事而未受到批评和教育，那么在他的心里就会形成一种认知：我的做法是正确的，以后还可以继续这样干。

据说，许多青少年之所以会犯罪，大多都是因为儿时养成的一些不良习惯造成的。

对于孩子的教育，没有大小事之分，只有对错之分，家长一定要引起足够的重视。父母是孩子的监护人，也是孩子的第一任老师，孩子的行为习惯很大程度上取决于父母的教育。

儿童期是一个人性格形成的重要阶段，也是会慢慢养成很多不良习惯的阶段。可以说，推动摇篮的手，就是推动世界的手——播下什么样的种子，将来就会收获什么样的果实。

如果一个陶罐出现了瑕疵，我们可以随手抛弃，然后再重新生产一个；如果一幅画作出现了败笔，我们可以重新再画，直到自己满意为止——可是，孩子的成长仅有一次，如果出现了错误，就没办法弥补了，这不仅会影响孩子的一生，也会让父母后悔、痛苦一辈子。

因此，作为父母，我们一定要履行好自己的职责，不忽略孩子成长中的任何一件小事，认真地打造这件特殊的艺术品。

27. 做“懒惰”的父母又何妨

曾有一段时间，“中国妈妈”成了西方媒体曝光率最高的一个词语。

可能有人会以为，这是西方人对中国妈妈的赞美，其实不然——在西方，“中国妈妈”是一个贬义词，美国人甚至把中国妈妈作为家庭教育的反面教材。虽然国外的一些观点有些言过其实，但从一定程度上还是反映出中国家庭教育中存在的问题。

论起中国妈妈的勤劳，可能世界第一。在我国，经常能见到这样的场景：

早上，妈妈做好早点，一遍又一遍地催促孩子起床。孩子起床了，妈妈又忙不迭地为孩子穿衣穿鞋。孩子吃饭时，要是食物有些烫，妈妈就会坐在一旁用嘴把它吹凉。要是孩子还不乐意，妈妈就会说：“乖乖，来，妈妈喂你。”

孩子不小心摔倒在地，妈妈会赶紧将孩子扶起，并以脚跺地说：“我让你摔我的宝宝。”孩子上学时，妈妈会背着书包紧紧地跟在他后面，像母鸡护雏似的保护着孩子。

当孩子说“妈妈，我想洗碗”，妈妈总说：“孩子，你还小，洗不干净。”当孩子说“妈妈，我想削苹果”，妈妈总说：“孩子，会伤着你的。”当孩子说“妈妈，我来做”，妈妈总说：“孩子，你不行，还是让妈妈帮你吧。”

中国妈妈为孩子包办一切的现象特别严重，尤其是在独生子女家庭里，即便孩子十多岁了，有了独立生活的能力，家长还是不让孩子插手任何事，大小事都要为孩子做主。

结果，当孩子进入社会，因能力低下找不到合适的工作时，家长才猛然醒悟，原来自己当初的溺爱害了孩子的一生。

作为父母，疼爱自己的孩子没有错，但我们必须清醒地意识到，将来的路需要孩子自己去走，也只能由孩子自己去走。

当家长有一种想为孩子排除万难的冲动时，一定要学会控制自己，对孩子适时放手：孩子力所能及的事情，绝不插手；孩子暂时做不到的事情，积极鼓励。尽量把动手动脑的机会留给孩子，做一个“懒惰”的家长。

许多父母，尤其是一些全职太太，她们时间充裕，于是就不由自主地为孩子完成了一切。

其实，作为父母，用不着把所有时间都放在孩子身上，大人该干什么就干什么，只要给予孩子及时、正确的引导即可。正所谓：“授人以鱼，不如授之以渔。”

父母“懒惰”了，孩子自由了。父母“懒惰”了，孩子勤快了。父母“懒惰”了，孩子聪慧了。为了孩子的成长，为了孩子的明天，做“懒惰”的父母又何妨？

28. 不要逼孩子认错

当孩子犯了错时，我们经常会看到一些父母采用极端方式，逼迫孩子认错或道歉。父母单纯地认为，只要孩子说了“我知道错了”，或者“下次再也不敢了”，事情就算了结了。

认错或写保证书真能让孩子改正错误吗？实际情况并非如此，一些孩子往往刚刚向父母认错，可一转身又会犯同样的错误。这是什么原因呢？

一方面，孩子认错是迫于父母的威严，自己并没有真正认识到错误所在。另一方面，孩子的自制力差，很难做到一次性改正错误。但父母并不理解孩子的行为，常常会给孩子贴上一个“屡教不改”的标签。

其实，孩子犯了错不肯认错，是一件很平常的事，父母不必大惊小怪。因为孩子无法预知认错会带来什么不好的后果，出于自我保护，他们一般会拒绝认错，即便有时被父母当场拿获“证据”，他们也会死不“认罪”，顽抗到底。

同时，孩子的自我意识很强，虽然他们还不懂得什么叫自尊，但他们却不愿当面向父母承认错误，总是想方设法地掩饰和推脱。如果父母强迫孩子认错，不仅会伤害孩子的自尊，让孩子一味逃避和撒谎，还容易激起孩子的逆反心理，使亲子关系不可调和。

对于孩子犯错，父母不妨采取以下几种措施：

一、让孩子知道为什么要说“对不起”

父母一定要让孩子明白，向别人道歉不是一种简单的行为，而是一种做人的态度：道歉既是对错误的承担，也是对错误的弥补——当自己不小心伤害了别人时，真诚的道歉可以使对方的心里舒坦一些，进而原谅自己的行为。

二、原谅孩子的过失

一位教育专家曾说，孩子犯错，上帝也会原谅。在孩子成长的过程中，犯错在所难免，即便是我们这些大人，也很难做到不出差错。既然如此，那我们又何必要求孩子十全十美呢？

父母的宽容，往往更能赢得孩子的尊重，使孩子获得克服困难的信心。因此，只要不是原则性问题，父母大可一笑而过，没有必要大动干戈。

三、辨明情况，对症下药

孩子出现状况，父母别急着打骂，先弄清事情的原委，避免冤枉孩子，造成一些不必要的伤害。如果孩子确实犯了错，父母也要就事论事，酌情处理，切不可小题大做。

四、通过“自然结果”纠正孩子的错误

所谓自然结果，就是让孩子体会到错误带来的不良后果，从而主动改正错误。比如，孩子不好好吃饭，你就饿他一顿——

饥饿带来的深刻教训，绝对会比你天天“念经”的效果要好。

五、事后处理

人在气头上，往往很难把握自己，常常会做出一些极端的事情来——如果这时教育孩子，很容易产生偏差，也容易与孩子发生冲突，从而背离了教育的目的。而孩子也需要一个缓冲的过程，如果家长下药过猛、过急，就会适得其反。

很多事情，事后处理往往比当即处理效果更佳。

六、自我反省，自我完善

其实，孩子在犯错后，心里并不好受，只是他们不想让父母知道罢了。这时，父母不妨给孩子一定的时间和空间，让他们自我疗伤，彻底认清自己的错误。

29. 允许孩子“虚度光阴”

“孩子总是不听话，总是爱玩，有时，一个玩具能玩半天，一张纸能剪上几个小时，一团彩泥能反反复复地捏几十遍……要是你让他做点正事，他一脸的不高兴，不是发脾气，就是扔东西，即便安静下来，但坐不到三分钟，又会开始玩别的。”一位女士如是说。

当孩子长到 3 岁以后，很多家长会失望地发现，自己的孩子并不像想象的那么勤奋、专心，他们往往不喜欢听从大人的安排，不愿意接受正规的教育，一天只想着怎么玩。

于是，家长给这类孩子贴上了一个标签：贪玩好耍，不求上进。面对孩子的无所事事，家长总是看不顺眼，要么大声地呵斥，要么给孩子安排更多的“正事”。

为何大人不能接受孩子的贪玩呢？我想大抵有这样几个原因：

一则，当今社会的竞争压力太大，家长不想让自己的孩子输在起跑线上，他们宁愿多投入一些精力和钱财，宁愿委屈孩子，也要让孩子接受最好的教育。

家长一厢情愿地认为，“早起的鸟儿有虫吃”，孩子越早接受教育，将来就会越优秀，就会越有竞争力，所以不管孩子乐不乐意，都会将他们的时间安排得满满当当。

二则，父母对孩子的贪玩缺乏正确的认识，认为贪玩就是虚度光阴，就是不思进取，这样的孩子就是一个不争气的孩子。

家长有这样的认识并不奇怪，因为我国的传统教育一直提倡昼耕夜诵、枕典席文、悬梁刺股，“吃得苦中苦，方为人上人”。

而事实上，玩对孩子来说，未必是一件坏事，它是孩子的天性，也是孩子成长的需要。

一位英国儿童教育专家说：“对儿童的早期教育应从娱乐和游戏开始，儿童在入学前几年间所学的东西，比一生中任何时候都要多，学得也快，且绝大部分知识是在玩耍中学到的。”

一些心理学专家也特别指出，孩子“虚度光阴”，其实是能量的储备，而父母过多地干预，反而会扼杀孩子的独立意识和创造力。玩并不是虚度光阴，而是孩子对外界事物的探索，他们可以从玩耍中学到很多知识和经验——可以说，会“玩”的孩子反而更聪明、更优秀。

其实，四五岁的孩子能学到什么并不是最重要的，更重要的是体验。音乐、绘画等不同领域的体验，都能让孩子发挥自己的想象力，而这才是锻炼他们学习和思考能力的好方法。

知识性的东西很容易弥补，而成长却不容替代，曾经“浪费”的时间，往往会在以后的岁月里加倍偿还。

因此，家长不但要允许孩子“虚度光阴”，还应该主动陪孩子玩耍，带他们去旅行、冒险、参加郊外活动，给他们的成长预留一定的时间和空间。

30. 曾子杀猪与狼来了

《韩非子》中记载了这样一个故事：一天，曾子的妻子准备去集市上买东西，但孩子哭闹着也要去，曾妻没有办法，只好哄孩子说：“如果你乖乖地待在家里，我回来就杀猪给你吃。”孩子听后，高兴地点点头。

曾妻从集市回来，见曾子正欲杀猪，赶忙劝阻说：“这只是我跟孩子开的一个玩笑，你又何必当真呢？”

曾子严肃地对妻子说：“你怎能跟孩子开这样的玩笑啊！小孩没有思考力和判断力，他们要向父母学习，听从父母的教导。现在你欺骗他，就相当于教孩子骗人，母亲欺骗孩子，孩子就不会再相信自己的母亲，这不是教育孩子的正确方法。”

曾子说完，立即将猪圈里唯一的一头小猪杀了，给孩子做了一顿好吃的。

《伊索寓言》中也有这样一个有趣的故事：一天，一个放羊娃在山上放羊，他觉得十分无聊，便想捉弄山下的村民们取乐。于是，他向村民大喊：“狼来了！狼来了！救命啊！”

村民们听到放羊娃的呼救声，连忙拿起镰刀和锄头，迅速向山上跑去。

可是，当村民们气喘吁吁地来到山上时，连狼的影子也没瞧见。很快，大家明白过来，这是放羊娃的恶作剧。

第二天，放羊娃故伎重演，村民们再次来到山上，但结果和昨天一样，大家连半只狼的影子也没瞧见，于是只好生气地走了。

没想到几天后，狼真的来了。放羊娃拼命地向山下呼救，但这一次，再也没有人相信他了。

这两则故事向我们道出了一个朴素的育儿哲理：在教育孩

子时，一定要信守承诺，说话算话，言出必行，切不可随意哄骗他们。

然而，在日常生活中，一些家长为了应付孩子的纠缠，或是为了哄孩子开心，常常向孩子许下诺言，但事后又拒不履行，让孩子感到十分委屈。

也许有家长会认为，哄孩子只是小事一桩，用不着大惊小怪。而事实上，教育孩子没什么小事可言，家长必须谨慎对待。

父母是孩子人生中的第一任老师，也是最重要的老师，所以家长的一言一行，都会潜移默化地影响到孩子，而有时一种错误的教育，会贻害孩子一生。

古语云，有其父必有其子，说的就是父母对孩子的影响：孩子就像父母的一面镜子，他会照出你的优点和缺点。如果家长不信守承诺，你的孩子以后也很难做到信守承诺。

不仅如此，如果家长一而再、再而三地对孩子喊“狼来了”，久而久之，就会降低自己在孩子心目中的威信。从此，孩子不会再相信父母说的任何话，同时这还会对孩子的成长产生负面影响，可以说是得不偿失。

因此，对于孩子的合理要求，如果家长做得到，一定要尽量兑现承诺；如果做不到，千万不要轻易答应下来。

31. 做孩子的好榜样

周末，一个朋友带着他的孩子来我家里玩。孩子长得可爱，活泼伶俐，惹人喜爱，他一进门，我就摸着他圆圆的小脑袋问：“小朋友，你几岁了？”

孩子的性格很外向，一点也不惧生，睁着一双漂亮的大眼睛说：“3岁。”

“哟！好乖。”我赞叹道，接着又问，“小朋友，你能数一下数给叔叔听吗？”

“好！”

孩子随即高兴地数了起来：“1、2、3……10。”

“嗯！真能干。继续——”我鼓励着。

孩子又大声地数道：“J，Q，K，A。”

听了孩子后面数的几个“数”，我和朋友都吃惊不小。

朋友抡起巴掌想教训孩子，我一把拦住了他，说：“这不能怪孩子，得怪你自己，谁让你打牌时将孩子带在身边。”

我的朋友平常没有什么别的嗜好，唯爱玩“斗地主”。由于他老婆的工作比较忙，孩子时常跟在他的身边，耳濡目染地就将扑克牌的顺序当成了数字的顺序。

其实，这对孩子来说并没有什么奇怪的。小时候，他们对外界的任何事物都充满强烈的好奇，总是想模仿和尝试。并且，在这一阶段，他们的模仿力极强，很多我们认为不可思议的事他们一学就会。

著名教育家特娜夫人说：“孩子是父母的影子，为了培养孩子的品德，父母的行为要自慎，应处处做孩子的表率。孩子好的行为或坏的行为，都是父母教育和影响的结果。”

俄国教育实践家和教育理论家苏霍姆林斯基也指出：“家庭的智力气氛对孩子的发展具有重大的意义。儿童的一般发展、记忆，在很大程度上取决于：家庭的智力兴趣如何，成年人在读些什么、想些什么，以及他们对儿童留下了哪些影响。”

由此可见，孩子是家长的一面镜子，他会一滴不漏地把你的一言一行克隆出来，成为你的一个翻版或再版。

孩子就像一张白纸，家长的一言一行就像一支画笔，所以教育孩子就像画图一样，至于画出的图案美不美，关键看大人怎样去描绘：绘得好会让孩子一生受用；而出现败笔，轻则影响孩子一时，重则伴随孩子一世。

儿童的是非观念十分淡薄，很多时候就是以大人为榜样的。他们认为大人能做的，他们也能做——大人做的一切，他们都会去学习模仿。

因此，有些大人喜欢却不适宜孩子学的东西，我们一定不要当着孩子的面做。

作为孩子的第一任老师，家长在做人和处事上一定要严格地要求自己，约束自己的言行，加强自身的修养，创造一个良好的家庭环境，让言传身教给予孩子正面的影响。

32. 亲子共处，别做“低头族”

有人说，世界上最遥远的距离不是天涯海角，也不是生离死别，而是我坐在你面前，你却在低头玩手机。

我曾亲眼见过一对父子，两人并肩而坐，各自拿着一部智能手机，眼睛死死地盯着屏幕。在长达半个多小时的时间里，他们彼此没有说一句话，也没有相互看对方一眼，就像两个互不相识的陌生人。

我不禁感慨：难道父子之间就没有什么好交流的，只能靠这种方式打发时间吗？

还有一次，在一辆长途汽车上，一位母亲正津津有味地玩着手机，她身边的孩子很无聊，便拉着她的衣角大吵大闹。

你猜这位母亲是如何处理的？她赶紧从包里掏出一台平板电脑，还有些生气地说：“烦死了，真后悔把你带出来，拿去玩吧！”我看了一眼，那孩子顶多只有三四岁。

如今，“低头族”不仅遍布大街小巷，也广泛存在于家庭中。一些家长一回到家里，便忙着刷屏、聊天、玩游戏等，对一旁的孩子视若不见，不闻不问。要是孩子打扰了他的兴致，他还会冲孩子发脾气。

据国外的一项研究表明，父母长时间玩手机，会让孩子感到焦虑，没有安全感，甚至产生一种被忽视的感觉。

可以说，90% 以上的孩子都十分反感父母在他们面前玩手机，为了表达心中的不满，他们常常会以哭闹、摔东西等方式引起父母的注意。

在孩子小的时候，他们最渴望的就是得到父母的关爱，比如能够与父母一起做游戏、听父母讲故事等，但许多年轻的父母却只顾着玩，完全忽略了孩子的感受和需要。

另外，父母的不良行为还会潜移默化地影响孩子，对他们的人格和学习造成极大的伤害。所谓“上梁不正下梁歪”，父母整天捧着手机玩，你能指望孩子“好好学习，天天向上”吗？

孩子的模仿力是非常强的，如此下去，用不了多久，他们就会成为家庭中的另一个“低头族”成员，甚至对手机的沉溺程度会超过父母。到那时，你只能站在一旁干着急，后悔自己当初做的错误行为。

其实，细细算来，我们与孩子相处的时间并不长，顶多十来年——稍不留神，孩子就长大了，到那时，他们有了自己的生活空间和圈子，你想坐下来和他们交谈，他们都不一定有时间，也不一定领情。

因此，我们要趁孩子还很依赖大人时，每天抽出一定的时间，陪他们玩耍、陪他们运动、陪他们读书等。

值得一提的是，与他们共处的时间里，父母最好不要看手机，也不要长时间地打电话，要一心一意地陪着他们，让他们感受到来自父母的爱和温暖。

台湾作家龙应台说得好，父母跟食物一样，都是有保质期的，这个保质期就是孩子最依赖父母的那段时间。

如果父母错过了这个陪伴和教育孩子的黄金时期，那么将来你就只有摇头和叹息的份儿。因为，孩子的习惯一旦养成就很难改变——与其花十年的时间去重塑孩子，不如花十年的时间去培养孩子。

第2章 成长篇

我国教育家夏丏尊说："教育之不能没有爱，犹如池塘之不能没有水，没有爱就没有教育。爱是人类最美的情感，没有情感的教育是苍白无力的。"

教育孩子是一门艺术，也是一种智慧，愿家长在投入金钱的同时，也不要忽略爱的投入——尽可能地为孩子营造温馨和谐的家庭氛围，让他们在充满爱和关怀的环境下健康、快乐地成长。

1. 最好的教育是陪伴

在当今这个竞争日益激烈的时代，“不让孩子输在起跑线上”成了许多家长的育儿目标。于是，早教和过度教育应运而生，一些家长不顾孩子自身的特点，强迫孩子学这学那，结果往往适得其反，使孩子的心灵发生了扭曲。

其实，对幼儿来说，最好的教育不是请名师来指导他们，也不是让他们去参加各种培训班，而是父母能够陪伴在他们的身边。

据美国斯坦福大学医学院的研究人员说，孩子最重要的需求是和成年人建立一种安全可靠的关系，父母应做的最重要的一件事就是跟孩子一起玩。

当然，陪伴不是单纯地与孩子在一起，而是要参与到孩子的世界里。比如，陪孩子玩游戏、给孩子讲故事、带孩子亲近大自然等。

常言说，三岁看大，七岁看老。其实，这并非全无道理，试想，一个人的习惯大多都是从小养成的，而且一经形成就很难改变。

好的习惯能让孩子受益一生，而坏的习惯则会贻误孩子一生。父母陪伴孩子一起成长，主要有以下几个好处：

首先，陪伴能培养亲子之间的感情

虽说父母与孩子血浓于水，但感情的建立需要时间和精力，仅靠血缘关系是不够的，而陪伴便是最好的纽带。

一位育儿专家说得好，有了好的亲子关系，教育便成功了一半。孩子自信乐观、思维敏捷，学起东西来有如神助，想不优秀都难。

如果父母时常与孩子一起交流、玩耍，孩子会觉得很有安全感，并且他们会变得更加聪明、乐观、自信，也会更加懂得如何关爱他人——因为有知识的成年人与学龄前儿童积极地互动，能促进孩子脑细胞的生长和发育。

相反，如果父母总是很忙，没有时间陪孩子，他们就会表现得孤独、自卑、无助，甚至产生一种被忽视、被遗弃的感觉。

其次，陪伴能让父母及时发现孩子身上存在的问题

俗话说，冰冻三尺，非一日之寒。孩子的坏习惯不是一天两天养成的，而是长期被父母忽视造成的结果。

父母经常与孩子在一起，就能及时发现和纠正孩子的错误，将孩子引到正确的道路上来。

古希腊哲学家亚里士多德说：“优秀是一种习惯。”英国著名哲学家培根也说：“习惯真是一种顽强而巨大的力量，它可以主宰人生。”可以说，一个人的习惯决定了他的性格，而性格决定了他的命运。

再次，陪伴能潜移默化地对孩子起到积极的作用

父母是孩子的榜样，他们的一言一行都会影响到孩子的未来——孩子的许多习惯，往往都有父母的影子。可见，潜移默化是多么巨大的力量。

通常情况下，孩子都有极强的模仿力，如果父母喜欢看书，孩子也会跟着看书；如果父母喜欢玩手机，孩子也会成为“低头族”。

因此，父母与孩子在一起时，一定要以身作则，源源不断地向孩子传递正能量。这样，你的孩子才会继承你的优良传统，从而青出于蓝胜于蓝。

2. 别把听话作为教育孩子的指挥棒

小时候，我们经常会听到爸爸妈妈说：孩子，你要听爸爸妈妈的话，要听爷爷奶奶的话，要听叔叔阿姨的话，要听老师的话……

长大后，我们对孩子说得最多的话是：孩子，你要好好学习，不要辜负了爸爸妈妈的一番期望。

不仅如此，老师也会时常叮嘱孩子：你们要听话，争取做一个“五讲四美”的好学生。

在父母和老师的眼中，“听话”似乎是评价一个孩子优劣的首要条件——听话的孩子就是好孩子、乖孩子；反之，不听话的孩子就是“坏孩子”。

为什么父母和老师这么注重孩子听不听话呢？

一则，父母出于对孩子的关心和爱护，担心孩子不求上进，惹是生非；二则，父母认为自己的生活经验丰富，能够指引孩子走上正确的道路，使他们更容易地去获得成功。

诚然，在孩子没有独立的自我意识之前，在没有建立正确的判断能力之前，父母的话无疑能帮助孩子避免危险、伤害。

但是，随着孩子一天天长大，他们的自我意识会开始增强，如果这时父母还一味地强调孩子要听话，那就不再是一种正确的做法了。

首先，一味地要求孩子听话，容易让孩子失去自我意识

如果父母总是要求孩子遵照自己的意志行事，不准辩解，不准违抗，不准顶撞，那么父母就成了独裁者，这势必会造成孩子没有主见，唯唯诺诺。

家庭教育应该是民主的、平等的，不能因为孩子是小辈，就要求他们绝对服从——每个人都有话语权、选择权和决定权，孩子也不例外，他们的意见应该受到尊重。

如果父母过于唯我独尊，就会在孩子的心里播下强权的种子——他将来要么会成为和父母一样的家庭独裁者，要么会成为可以任人摆布的玩偶。

有人说，日本教育培养的是野性的狼，而中国教育培养的是温顺的羊。虽然这话有些言过其实，但从中我们也可以看出，一味地教育孩子听话是不对的。

其次，一味地要求孩子听话，容易对孩子造成误导

所谓“人非圣贤，孰能无过”，父母不是百事通，说的话、做的事，并不一定完全正确。而听话的孩子会错误地认为，父母总是对的。

这样，孩子就可能会重复父母犯的错误，甚至在错误的路上越走越远。况且，万事万物都在不断地向前发展，没有人能够预知未来，也没有人能够帮助孩子解决所有的问题。

再次，一味地要求孩子听话，容易影响孩子独立思考的能力

如果父母把什么都给孩子计划好了、安排好了，孩子就没了独立思考的空间，没了自主发展的空间，于是，他们只会事事听从别人的安排，一切按部就班，犹如一台没有思想的机器。

我想，这绝对不是父母所期望的结果。

因此，父母不能简单地将“听话”作为教育孩子的指挥棒，而是应该鼓励孩子独立思考，大胆创新，仅把大人的话作为一种参考。

3. 有些话不妨反着说

很多时候，我们在教育孩子时，总是喜欢从正面进行说教，比如告诉孩子哪些事不能做、哪些事应该积极主动地去做。虽然这种做法十分符合传统的教育理念，但效果却并不理想——孩子要么左耳进右耳出，要么根本不把大人说的话当回事。

其实，我们完全可以换一种方式，以便让孩子欣然接受我们的要求。

以前，为了培养女儿的阅读习惯，我买了许多文学类的书让她读，并郑重其事地告诉她，读书会带来许多好处，比如能够积累词汇、提高写作水平、增长知识等。

我满以为，女儿听了我这番慷慨激昂的陈述后，一定能够爱上阅读、爱上学习。但想象是美好的，现实是残酷的，女儿非但对那些书不感兴趣，还嫌我啰唆，爱管闲事。

后来，我想了一个办法——我将那些书收藏起来，并严肃地告诫女儿："这些书是爸爸的，你千万不要动。"

为什么这些书不能动呢？里面的内容肯定特别精彩吧？渐渐地，女儿对它们产生了兴趣。

但这时，我并没有立即让女儿去阅读，而是吊足了她的胃口。我故意在她面前饶有兴致地朗读，时而哈哈大笑，时而拍手称快。她觉得十分好奇，来到我的身边，要求与我一起分享。

我见女儿的兴趣完全被激发了出来，心中暗自欢喜，但脸上仍装出一副不情愿的样子，说："不行，这是爸爸的书，只能爸爸一个人看。"

女儿充分发挥她死缠烂打的精神，缠住我不放，非要我将书拿给她看。我假装纠缠不过，无奈地说："拿去吧，但你不能把我的书弄皱了，或弄脏了。"

女儿如获至宝，一把夺过我手中的书，津津有味地读了起来。就这样，我不费吹灰之力，就让女儿从被动阅读走向了主动阅读。有了这次成功的经验，我开始将自己的战果扩大化。

先前，女儿有偏食的习惯，我曾费尽心思想要改变这一现状，比如，告诉她偏食有什么危害、蔬菜水果有什么营养、为什么我们要多吃蔬菜水果等。

可是，无论我怎么讲道理，孩子就是听不进去。我苦恼不已，孩子正在长身体，耽搁不起——如果继续这样下去的话，一定会造成不小的恶果。

现在，我开始使用我的妙招——在女儿饥饿时，故意做一些她不喜欢吃的食物，并且只做一份。做好后，我将它放在自己的身边，并对女儿说："这是爸爸的，你不许跟我抢。"

女儿一听没有她的份儿，立刻着急了——她拿起筷子，想要分食。

这次，我没有拒绝，但我尽量表现出想要多吃的样子。

女儿唯恐吃亏，使劲地往自己嘴里扒拉。就这样，你一口，我一口，我们很快就将那碟菜吃了个底朝天。

通过这两件事，我意外地发现，小孩子一般都有很强的好奇心和占有欲，你越是不让他们做某事，他们越是要去做；你越是不给他们某样东西，他们越是渴望得到这样东西。

家长能够巧妙地利用孩子的这种心理，就会取得事半功倍的效果。

4. 教育孩子，不看脸色看“聊效”

当孩子犯了错误时，家长总是喜欢板着脸，对孩子横加指责、辱骂，他们主要是想通过这种严厉的方式，让孩子记住教训，从而改正错误。

事实上，这种教育效果并不好——很多孩子在遭到大人训斥之后，依然不知道自己错在哪里，更不知道如何去改正。

大人打骂孩子，很多时候都是出于恨铁不成钢的心理，有时纯粹就是为了发泄自己的情绪，而并没有真正走进孩子的内心世界，与孩子进行有效的沟通。简单粗暴的教育，只会加重孩子的心理负担，使孩子处于紧张和恐惧之中。

其实，教育孩子的最好方法不是打骂，而是交流——教育效果好不好，关键要看“聊效”，这主要包括以下几方面：

一、与孩子聊聊事情的经过

有的家长一看到孩子犯错就气急败坏，先机关枪似的来一顿臭骂，结果什么也问不出来，还伤了孩子的自尊心。

面对这种情况，家长最好静下心来，与孩子心平气和地交谈，了解事情的原委、是非曲直，不要错怪孩子，更不要冤枉孩子。如果孩子已经认识到了自己的错误，家长要停止说教，切忌喋喋不休，给孩子自我反思和缓冲的时间。

二、与孩子聊聊他的想法

有的孩子犯错后，并不认为自己做得有什么不对。这时，家长要认真倾听孩子的心声，说得好的，要予以肯定；说得不合理的，家长要阐明自己的理由，指出孩子的错误所在。

这样做的好处是：一方面，能够让孩子认识到事情错在什么地方，今后应该如何避免类似的错误再次发生。另一方面，能够增进亲子之间的感情，提升孩子的自我辩驳能力和认知能力。

真正的教育，是要让孩子从心底认同你的说法，如果你连解释的机会也不给孩子，又如何能让孩子心服口服呢？

三、站在孩子的角度想一想

当孩子犯错后，家长不要像上司对待下属那样，一味地指责、训斥，而应该做一个经验丰富的“顾问”，站在孩子的角度，引导、启发孩子，让孩子主动反思，找出客观和主观方面的因素，弄明白自己错在了什么地方、对别人造成了哪些伤害，并谈谈今后再遇到这种情况应该如何正确处理。

这样，在家长的循循善诱之下，孩子不仅会克服自身的不足，还会大大提高解决问题的能力，可谓失有所得。

四、对孩子多些宽容和理解

俗话说，孩子犯错，上帝也会原谅。由于孩子年龄尚幼，对外界的事物充满了好奇，总想去摸一摸、探一探，加上自我控制能力较差、生活经验缺乏，常常会干出一些让大人无法理解，甚至愚蠢可笑的事。

对此，家长不必大惊小怪，更不要小题大做。

其实，孩子犯错后，内心并不好受，家长应该给予孩子理解和安慰，明确地告诉孩子：我不会因为你的错误而不爱你，我只是希望你不要那么做。

5. 跟家庭“软暴力”说拜拜

在现代家庭教育中，许多父母已经摒弃“棍棒底下出孝子”的育儿理念，纷纷采取了比较科学、温和的教育方式，这是社会的一大进步，值得肯定。

然而，体罚孩子的现象少了，但使用“软暴力”的现象却多了。据有关专家统计，“软暴力”普遍存在于家庭教育中，并且已经影响到了孩子的成长和生活。

所谓“软暴力”，就是一切区别于肢体暴力而伤害他人的行为，可以是口无遮拦的讽刺和挖苦，也可以是面无表情的漠视。这种暴力有一个显著的特点，那就是它潜在的危害常常会被人们忽视，甚至有时候会被界定为一种“习惯”。

“软暴力”的杀伤力并不亚于“硬暴力”——很多时候，精神上的伤害比身体上的伤害对人造成的影响，更加难以愈合。

那么，“软暴力”对孩子的成长和学习的危害，主要体现在哪些方面？又该如何避免呢？

一、辱骂孩子

这是最常见、最典型的一种语言暴力。

当孩子在某些方面做得不好时，家长总是喜欢用一些带羞辱性的词语责骂孩子，比如：你这个不争气的东西，你真是无可救药；你简直比猪还笨、比驴还蠢，我怎么生了你这样一个没出息的孩子……

家长辱骂孩子，大多是出于恨铁不成钢的心理，或是想通过偏激的方式让孩子进行反省，从而奋发进取。实际上，这种方式不但起不到教育孩子的作用，反而会让孩子的自尊心严重受挫。

常言说：“良言一句三冬暖，恶语伤人六月寒。”教育孩子应该尽量杜绝不文明的语言，多使用关切、温暖的词汇。

二、不尊重孩子

不尊重孩子的行为，在家庭教育中比比皆是，比如揭孩子的短，当着别人的面批评孩子，强迫孩子做他不愿意做的事等，只是许多家长没有意识到这是一种“软暴力”罢了。

美国著名社会心理学家马斯洛曾把人类的需求进行归类，概括出七种最基本的需求：“生理需求、安全需求、社交需要、尊重需求，自我实现需求……”他把人的尊重需求和其他需求一起看成是与生俱来的、本能的需要。

你千万别以为孩子小，没有尊重需求。事实上，无论什么人，都渴望得到别人的尊重，小孩子也不例外。

因此，家长应该尽可能地照顾孩子的面子，尊重孩子的人格，接受孩子的不同意见。

三、数落孩子

一些家长喜欢当着孩子的面数落他的不是，比如胆小怕事、自私懒惰、学习成绩不佳、做事拖沓等。在家长看来，这都是一些无意识的行为，但对孩子来说，却是一种巨大的伤害。

所谓“说者无心，听者有意”，如果家长天天将这些数落话挂在嘴边，孩子的心里就会强化这种意识，从而降低自我评价，认为自己一无是处，进而变得自卑、厌学。

四、不搭理孩子

当孩子犯了错时，有些家长既不打孩子，也不骂孩子，就是不搭理孩子。

短暂地冷落孩子，或许会收到不错的教育效果，但如果长时间不搭理孩子，它就会变成一种“软暴力”，因为家长的不搭理，会让孩子感到特别孤独无助，甚至产生一种被遗弃的感觉——这种惩罚比打骂孩子更可怕。

五、限制孩子应有的权利

一些家长打着“一切都是为你好”的旗号，处处限制孩子，不给孩子应有的权利，比如不准孩子出去玩、不准孩子看电视、不允许孩子有隐私等。

事实上，孩子不是父母的私有财产，而是有思想的独立个体，父母应该给他们的心灵留下一片蓝天，让他们自由自在地飞翔。

6. 教育孩子不妨顺杆爬

不少朋友向我吐苦水，说现在的孩子越来越难管，尤其是到了叛逆期，你说东，他们偏要往西；你好心好意地教导他们，他们非但不听，还嫌你啰唆，真是吃力不讨好。

的确，教育孩子是一件苦差事，它考验着你的耐心和智慧。但你也不要过于悲观，只要掌握了一定的方式方法，一定能够轻轻松松地教育孩子。

可能很多人都有这样的感受：喜欢和支持自己的人在一起，并会对亲近自己的人萌生好感。如果你能将这种理念运用到家庭教育中，孩子就不会排斥你，也不会与你产生隔阂。我们称这种方法叫“顺杆爬”。

所谓“顺杆爬”，就是暂时顺着孩子的话去说，让他们自己去反省错误、承担责任，这比正面说教往往更有效果。

通常情况下，孩子一般喜欢与自己观点相近的人，而讨厌与自己观点相左的人。

当孩子认为他们所做的事是正确的时，如果父母提出相反的意见，还对他们横加指责——即便父母说得再对、再有理，他们为了维护自尊，也会发起反击。

与其彼此伤害，不如顺着孩子的话说，那样，孩子便没了戒心，认为你和他是同一个战壕的人。有了这种意识后，接下来的事情就好办多了。

也许这样说有些人不好理解，那我就举几个具体的例子：

有一次，见女儿做家庭作业时拖拖沓沓，一副很不认真的样子，我本来想教训她几句，但转念一想，那样做未必有效果，说不定还会引发一场家庭冲突，弄得大家都不开心。

何不试试“顺杆爬”呢？

于是，我微笑着对女儿说：“这么多作业，一定很辛苦吧？”

女儿点点头说：“是啊，手都写酸了，真想把这些作业丢进垃圾桶里。”

我打趣地说：“这真是一个不错的主意，要不咱们就这么干。如果你担心老师问起，我可以为你写张条子。”

我的理解赢得了女儿的信任，她对我充满了感激。

当然，她并没有真将作业丢进垃圾桶里，而是将这当作调侃老师的一个笑话。随后，她开始聚精会神地写作业，站在一旁的我不禁暗自窃喜：这招真管用啊！

还有一次，女儿准备参加班干部竞选，但她担心自己会失败，所以一直犹豫不决。

见此，我故意打击女儿说：“孩子，我看还是算了吧，要是竞选失败了，那多没面子啊！”

我知道女儿的好胜心很强，你越是贬低她、打击她，她越是不服气，越是有斗志。

果然不出我所料，女儿听后立刻斗志昂扬，并且有些生气地对我说：“爸爸，你就对我这么没有信心吗？”

我见激将法发挥了作用，赶紧顺着女儿的话说：“那你决定参加竞选吗？”

女儿叹了口气说：“不试试，怎么知道不行呢？”

我听后，高兴地拍着手说：“真是一个了不起的孩子，爸爸为你感到骄傲。”

其实，很多时候不是孩子任性，也不是孩子不行，而是我们没有找对方法。

7. 家庭幸福有利于孩子成功

望子成龙、望女成凤，几乎是每一位家长的心愿。

那么，如何才能让孩子成为人中龙凤呢？不少家长的回答是：努力学习科学文化知识。

正是基于这一点，许多家长剥夺了孩子的童年，剥夺了孩子的自由，压制了孩子的个性发展，一心只让孩子学习学习再学习。

“不让孩子输在起跑线上”，这是当下最时髦的一句教育口号。

在这个口号的引导下，家长都舍得花血本，在孩子的身上投入大量的精力和财力。然而，父母苦心孤诣地为孩子提供各种各样的优良条件，换来的往往不是孩子的成功，而是不尽的痛苦。

知识对一个人的成长固然重要，但有一样东西比这更重要，那就是幸福。

曾有人对世界上知名的政治家和企业家做过一个调查，结果惊讶地发现，成就这些人事业的不是中小学的成绩，而是童年时的幸福。换句话说，童年越幸福，成功的概率越大，将来的生活也越美好。

事实上，从事教育和司法工作的人不难发现，许多“问题孩子”都有一个共同的特点，那就是没有一个幸福的家庭——要么父母离异，要么父母整天争吵，要么父母时常会把孩子一个人丢在家里。

在十位家长中，大概有九位家长都会问孩子：“你考了多少分，排在第几名？”但几乎没有人会问孩子：“你幸不幸福、快不快乐？”

幸福感是最容易让人忽略的问题，可它对孩子的成长却至关重要，甚至会影响其一生。

一般来说，孩子的幸福感来源于家庭。对于孩子来说，家不仅仅是一个可以遮风避雨、供人休憩的地方，更是心灵的港湾、快乐的源泉，也是承载着爱与温暖的天堂。

幸福的人往往性格开朗、心胸开阔、精力充沛、活力四射，无论做什么事都有使不完的劲。在遇到挫折时，他们也总是积极向上，朝着有利的方向发展，从不悲观失望。

此外，幸福的人一般都有一颗仁慈的爱心，外在表现就是乐于帮助他人。这样的人，人际关系通常都比较好，不管他们从事什么职业，身边总有一大批支持者，这也是他们更容易成功的根本原因。

作家毕淑敏曾写过一篇发人深省的文章叫《提醒幸福》，但我觉得这还不够，家长更应该学会创造幸福。在家庭生活中，父母要为孩子营造一个温馨的环境，不要当着孩子的面吵架，有什么矛盾要尽量私下里解决。

其次，父母要勇于在孩子面前“秀恩爱”。中国父母通常都比较内敛，不好意思在孩子的面前表达爱意。事实上，爱是一种美好的东西，它会让孩子从中受到熏陶，从而建立起正确的幸福观，将来也会建立起一个幸福的家庭。

另外，父母要懂得尊重孩子，因为幸福都是建立在平等和谐之上的。如果父母老是以命令或教训的口吻与孩子对话，孩子是不会感到幸福的。家庭成员之间要互爱互助，而非互相推卸责任。

同时，父母不要过多地干预和限制孩子的自由，必要时只给予他们适当的引导即可，要让他们按自己的天性去成长。

8. 教育孩子要就事论事

有一次，一个孩子在学校犯了错，家长知道后劈头盖脸把孩子一顿臭骂：“你这个不争气的东西，我们辛辛苦苦赚钱供你读书，你倒好，不仅不求上进，还给我们惹这么多的事儿，看我今天不好好收拾你……”

家长在教育孩子的过程时，经常会出现以下几种情况：

一是就事论“人”

本来，家长要批评的是孩子出现的过错，但很多时候却偏离了主题，牵扯到了孩子的其他方面。

我曾见过这样一位家长，她的孩子只是不小心摔了一跤，而她却无端地指责孩子没出息，将来只配捡垃圾。我不知道这位家长是怎么想的，但她的行为确实严重伤害了孩子的自尊心。

孩子摔倒，这是一个不争的事实，家长可以善意地提醒他，让他以后走路小心点，但你不能轻视他、否定他——不然，旧的问题没有解决，新的问题又会接踵而来。

二是喜欢翻老账

一些家长在教育孩子时，不是针对孩子现在的问题就事论事，而是把以前的错误一股脑儿翻出来，把孩子说得一无是处，然后来个“大批斗”。

这种“揭伤疤”式的教育，不仅不能起到积极的作用，反而会激起孩子的不满，以致他最终破罐子破摔。

我想，许多家长这样做也许是无意识的，但这种无意识的行为却会使孩子形成心理暗示，那就是：我不行，我很差劲，我没办法改变。

对于过去的事情，尤其是孩子已经淡忘的事情，家长最好不要再提，因为这已经没有任何意义了。

三是侮辱孩子的人格

这是对孩子伤害最大的一种教育。本来，孩子只犯了一个很小的错误，但家长却小题大做，将错误上升到了人格的高度。

其实，孩子犯错是十分平常的事，家长不要动不动就指责孩子没出息，比猪还笨，不如养一条狗等；也不要随意给孩子贴标签，比如：你真是一个淘气的孩子，你真是一个没有孝心的孩子，你真是一个胆小的孩子。

如果家长有时实在不能控制自己的情绪，那最好就远离现场，等自己平静后再跟孩子交谈。

四是过于啰唆

一些家长在教育孩子时，总是东拉西扯，说不到重点上，让教育的效果大打折扣。

通常情况下，儿童的注意力只能集中15分钟左右，幼儿持续的时间更短，如果家长喋喋不休，孩子很难集中注意力，也无法仔细去分辨家长说的话。因此，教育孩子时，家长一定要有针对性，语言尽量简单明了，让孩子一听就能明白。

综上所述，在教育孩子时，家长一定要遵循就事论事的原则，不要将问题扩大化。你可以指出孩子哪些地方做得不好或不对，应该怎么去克服这些毛病，但你不能上纲上线，就事论“人”，甚至侮辱孩子人格。

有人说，错误的教育比不教育更可怕。我十分赞同这种观点，如果父母因为孩子的一个小过失就否定孩子、伤害孩子，那么，这样的教育宁可不要。

家长要时刻追问自己：教育孩子的目的是什么？要怎么做才能让孩子接受？

9. 巧用激将法

激将法是我们非常熟悉的一个计谋，即：用刺激性的话或反话鼓动别人去做某事的一种手段。

在《三国演义》中，诸葛亮为说服孙权和周瑜联合抗击曹操，就曾使用过一次漂亮的激将法。

诸葛亮对孙权说：“曹操取得了官渡之战的胜利，又新破荆州，威震天下，现在即使有英雄豪杰要与他抗衡，也没有用武之地，所以刘备才逃到了这里。希望将军您量力而行，如果能以吴、越之众与曹操抗衡，就不如早一点和曹操断绝来往；如果不能，为什么不依众谋士的主张，向他投降呢？”

孙权听后勃然大怒，最终决定与刘备一起抗曹。试想，如果诸葛亮死皮赖脸地哀求孙权，他的要求一定会被孙权拒绝，从而丧失破曹的时机。

教育孩子也是这样，有时你苦口婆心地劝孩子要勇敢、要上进，但孩子往往听不进你的这些大道理，或是左耳进右耳出，根本不把你的话当回事。

俗话说：“请将不如激将。”对于好胜心强的孩子，或是处于青春叛逆期的孩子，“激”远比“劝”更有效果。

女儿准备参加市里举办的作文比赛，但她担心会榜上无名，显得犹豫不决。

见此情景，我计上心来，淡淡地对女儿说：“虽然你在学校的作文水平一直比较突出，但这次是全市的公开赛，其中肯定有不少高手，如果你实在对自己没有信心，那就放弃吧，反正除了你和我以外，没有第三个人知道。”

女儿听后，不高兴地说：“谁说我不参加啊？我明天就去报名。”

我见女儿有了反应，继续激将道：“你行吗？到时铩羽而归，可不许哭啊！”

女儿不满地说：“你凭什么认为你的女儿比别人差呢？好歹我也是学校里的尖子生，就算不能成功，那也要与他们拼个高低才行。”

在我的激将下，女儿果断地参加了那次比赛，并取得了不错的成绩。

当女儿将获得第二名的奖杯递到我手上时，我故意装作诧异的样子说：“没想到我们家还出了一个小才女，以前我怎么没看出来呢？”

女儿听后，一脸自豪，从此更加热爱阅读和写作了。

还有一次，我让女儿打扫房间，她嘴上答应说“好”，但一直没有行动。

我明白，如果强迫孩子做她不愿意做的事，她内心肯定会特别抗拒，要么会敷衍了事，要么会坚决不从，而这都是我不愿看到的。

怎么办呢？我立刻想到了激将法，于是微笑着对女儿说：“宝贝，咱们来玩一个游戏，你打扫这间房，我打扫隔壁那间房，看谁打扫得又快又干净，好吗？”

女儿一下子来了兴趣，高兴地说：“比就比，谁怕谁？”说完，她拿起扫帚和抹布就跑了。

有过育儿经历的人都知道，每个孩子或多或少都有好胜心，只要家长把握好时机、掌握好分寸，就会取得意想不到的神奇效果。

当然，激将法要因人而异，尤其不能滥用，否则将伤到孩子的自尊，达不到教育的目的。

10. 孩子害羞怎么办

有一次，林女士兴高采烈地带儿子去参加一个聚会，但让她感到尴尬的是，她让儿子叫叔叔阿姨，儿子不叫；她让儿子和其他小朋友玩，儿子也不去。自始至终，儿子都像一个跟屁虫一样，紧紧地跟在她的身后。

林女士烦不胜烦，生气地朝儿子吼道："你是不是男子汉啊，一点出息都没有，连一个小姑娘都不如。"无奈之下，她只好带着儿子早早地离开了。

林女士的烦恼，其实也是许多家长的烦恼。

大多数家长都喜欢活泼开朗、能说会道的孩子，而讨厌沉默内向、胆小、害羞的孩子。实际上，孩子害羞是有原因的，家长千万不要"戴着有色眼镜"看人，更不要武断行事，对孩子横加指责。

首先，害羞是一种正常的情感，它跟人的其他情感一样，需要得到家长的尊重和理解。

可以说，每个人都曾有过胆怯、害羞的经历，如果孩子不善交往，家长又不断地要求他做到自然大方，孩子就会觉得自己在这方面不行，从而更加强化了羞怯心理。

其次，害羞是对陌生人或陌生环境的一种正常反应。

由于孩子担心自己表现不好，或是害怕把自己的缺点暴露在别人面前，于是出于一种自我保护心理，他们往往不愿表达，或羞于表达。

面对害羞的孩子，家长不妨这样做：

一、帮孩子建立自信

美国心理学家坎贝尔说："要使孩子心理健康，父母和长辈要做出相应的'精神投资'。"

所谓精神投资，就是要发现孩子的闪光点，并给予及时的赞扬，让孩子在同龄人面前时时充满自信。家长要明确地告诉孩子，“你是一个可爱的、受人欢迎的人”，等孩子消除心理障碍后，他就会乐意展现自己，更加积极主动地与人交往了。

二、时常带孩子出去“见世面”

许多孩子之所以胆小害羞，是因为他们从小待在家里，很少出入社交场合。

人的胆量都是练出来的，如果孩子经常与人接触，与人交往，就会适应各种环境。而且接触的人越多，孩子积累的经验也会越多，口才也会越好。

三、为孩子创造与人交往的机会

家长可以带孩子去亲戚朋友家做客，也可以邀请邻居或同事的孩子到家里来玩，当然人不必过多，一两个就行，那样孩子既不会有压力，也会有更多的表现机会。

在家里，家长可以让孩子接听电话，为客人开门、端茶等，这些都能有效地锻炼孩子的交际能力。另外，外出旅行时，家长可以让孩子去问路、登记住宿等。

四、鼓励孩子多说话、多表达

如果孩子特别害羞，家长可以让孩子对着镜子微笑、说话，一段时间后，再让孩子与他熟悉的、亲近的人交谈。其间，家长要多给孩子“打气”，让孩子意识到，与人交往并没有想象的那么困难、复杂，只要你投之以桃，别人就会报之以李。

值得一提的是，对于害羞的孩子，家长切不可操之过急，要懂得循序渐进，多鼓励，少批评。这样，慢慢地，孩子就会克服社交困难，找到属于自己的交际圈。

11. 教育孩子别拿钱说事儿

时常听到一些家长这样对孩子说话：爸爸妈妈将你养大，供你读书不容易，你要努力学习，将来好好报答我们。

甚至，还有一些家长将孩子从小到大所有的花费全部记录在账本上，并不时提醒孩子：这些钱，将来都是要你还的。

家长这样做，不外乎这样几个目的：

一、让孩子远离大手大脚花钱的习惯

现在的孩子都喜欢攀比，都喜欢大把大把地花钱——衣服要穿名牌的，文具要买高档的，零食吃一半就丢了，他们根本不知道钱从何来。

二、让孩子心生感激

养育孩子本来是父母应尽的义务，但一些家长却将这种义务当作对孩子的恩惠和牺牲，并以此要挟或控制孩子。

三、向孩子传达父母的辛苦

家长想通过这种方式告诉孩子：自己风里来雨里去，一切都是为了你——作为回报，你得好好学习，积极上进。

不少家长认为，让孩子看到自己的付出和辛劳，就能激发孩子奋发向上的劲头。实际上，这种教育方式并不好。

首先，爱孩子不是一种投资，而是一种奉献

亲子之间应该建立一种平等的关系，家长不是债权人，孩子也不是债务人，如果家长以债主的身份居高临下，孩子又如何能够得到相应的尊重呢？

其次，家长把自己对生活应负的责任转嫁给孩子，容易给孩子造成心理压力

要是孩子不怎么优秀，达不到父母的要求，他们就会十分愧疚，认为自己无能，对不起父母。

再次，把爱当作交易，不利于孩子人生观和价值观的树立

大家都知道，爱是无价的，如果将它转化为债务，孩子就会觉得，父母不是真的爱自己，一切都是一种交易——所谓交易是不带感情的，孩子认为只要把父母花在他身上的钱偿还了，那就两清了。

其实，要让孩子明白父母的辛苦，大可不必拿钱说事儿。家长完全可以跟孩子好好交流，告诉他们：你每天都做了哪些事、付出了哪些努力。

同时，家长还可以利用寒暑假的时间，带孩子参观自己工作的地方，让孩子身临其境地切身感受你的辛劳。

值得一提的是，父母不要把自己所做的一切单纯地归咎于“为了孩子”，而应该从幸福观和成就感方面进行引导——也就是说，一个人活在世上就得刻苦学习，就得努力工作，那样才会取得事业的成功，才会拥有幸福的生活。

此外，家长也不必担心孩子感受不到你的爱——爱是一种很奇妙的感觉，只要你付出了，别人就能感受到，就连襁褓之中的婴儿也不例外。

爱有时无须说出口，说出来味儿就变了，尤其是与金钱联系在一起的时候。

12. 别在孩子面前说老师的坏话

“你们老师怎么回事？这道题明明是对的，却打了错号，他也太不负责任了吧？”

“为什么你们老师总是把你的座位安排在后面，他是不是嫌贫爱富啊？”

“你们老师是不是没事找事，隔三差五让我去学校——他没事，我还忙着呢！”

……

生活中，一些家长总喜欢在孩子面前评论老师，尤其是老师出现了一点失误，或是认为孩子受到了不公平待遇时，便对老师横加指责，甚至诋毁、贬损。

其实，许多家长这样做并没有什么特别的用意，只是过过嘴瘾，发泄一下心中的不满罢了。但家长不知，自己一时的痛快，很可能会给孩子的学习和成长带来极大的影响。

首先，在孩子面前说老师的坏话，会影响孩子的人际交往

俗话说，人前多夸别人好，背后莫论他人非。

背后说人坏话本身就是一种不道德的行为，即使家长对老师有什么看法，也不要在孩子面前表露出来。在人际交往中，人们讲究诚恳待人、表里如一，即便对方有什么过错，也应该当面沟通，消除误解，而不是在背后说三道四。

要让孩子成为一个受欢迎的人，就应当从小在他心里播下友善、真诚的种子，而不是向他传递负面的信息。

家长好似孩子的一面镜子，如果家长喜欢背后论人长短，孩子也会受到影响，成为一个喜欢嚼舌根的人。

其次，在孩子面前说老师的坏话，会影响孩子和老师之间的关系

尊师重道是我国的传统美德，也是文化能够得到传承的根本原因。如果家长时常在孩子面前贬损老师，就会破坏老师在孩子心目中的美好形象，降低老师的威信。

所谓“说者无心，听者有意”，家长的话往往会潜移默化地影响孩子，让孩子在心里轻视老师、怨恨老师。要是父母都不把老师放在眼里，孩子又如何会尊师重道呢?

从某种意义上来说，良好的师生关系，也是孩子成功的保证。只有“亲其师，信其言”，在心底尊敬老师，孩子才会更好地接受老师的教育。

再次，在孩子面前说老师的坏话，会影响孩子的学习成绩

要是孩子已经向家长表达了他对老师的不满，而家长进一步火上浇油，孩子就会从讨厌老师发展到讨厌他所教的学科，进而造成偏科现象，这对孩子的平衡发展极为不利。

俗话说："人非圣贤，孰能无过。"老师也是平常人，也有这样那样的缺点和不足，家长应该持理解和宽容的态度，毕竟一个班上有几十个学生，老师不可能照顾好每一个孩子，偶尔出现偏差也在所难免。

因此，在处理家庭与学校的关系时，聪明的家长不会给老师减分，而会给老师加分，努力为老师塑造一个良好的形象，促进孩子与老师之间的感情，让孩子越来越喜欢老师，从而对老师所教的学科越来越有兴趣。

13. 孩子说话时，大人要专注

不少家长抱怨孩子在家里说话越来越少，有什么事都憋在心里，不愿与大人交流。许多家长把这归咎于孩子，认为孩子不爱说话是性格使然，或是不愿亲近父母的表现。

事实上，这与家长不认真倾听孩子说话息息相关。

在家庭教育中，父母往往讲得比较多，听得比较少；敷衍的时候多，专注的时候少。这具体表现在以下几个方面：

一是随意打断孩子的话

当孩子饶有兴趣地向父母诉说他在幼儿园的经历时，家长不耐烦地说："去，去，去，没看我正忙着呢吗？等空闲了再说吧。"

见此情景，孩子只好失望地把已经到嘴边的话咽回去。

二是漫不经心，敷衍孩子

孩子拿着他刚完成的画作来到妈妈身边，兴高采烈地说："妈妈，你看我画得漂亮吗？"妈妈瞥了一眼，轻描淡写地说："嗯，还不错，继续努力。"

见妈妈没了下文，孩子只好无奈地走开了。

三是不把孩子说的话当回事

有的家长与孩子交流时心不在焉，常常走神，不知道孩子说了什么，要表达什么，等回过神来时才惊讶地问孩子："你刚才说什么？"

四是不给孩子申辩的机会

家长发现孩子的铅笔刀不见了，不分青红皂白就一顿臭骂，孩子刚想解释，家长便怒吼道："犯了错还敢顶嘴，看我不收拾你！"

一位育儿专家曾说，学会倾听花开的声音，方能走进孩子的世界。关注孩子说话，既是对孩子的一种尊重，也是对孩子的一种关爱，更是了解孩子的一个窗口。家长不但不能阻止孩子说话，还应该鼓励他们主动表达，说出自己的喜怒哀乐。

首先，当孩子向你倾诉他的心里话时，家长千万不要打断他，让他尽量把话说完

与孩子交流时，家长一定要有耐心，不要觉得孩子说的话过于天真幼稚，没有什么价值和意义，便不想去听。如果家长不考虑孩子的感受，总是打断他们的话，或是无故转移话题，他们就会失去交谈的兴趣，久而久之，他们就会变得沉默寡言。

其次，与孩子交流时，家长一定要放下手头工作，最好看着孩子的眼睛，让他知道你对他说的话非常重视

有的家长喜欢一边玩手机，一边与孩子说话；或是一边看电视，一边与孩子说话。这样的谈话方式注定是失败的，它会让孩子觉得他们没有受到足够的重视，甚至觉得父母不够爱自己。

你别以为孩子什么都不懂，什么都不在乎，其实他们心里敞亮得很，要是家长老是不把他们说的话当回事，以后他们有什么心里话，就不会再向大人说了。

再次，夸奖孩子不能过于简单、过于笼统，要实事求是，说到点上

什么“不错”“很好”“还行”，这些都不是真诚的表扬——与这些敷衍的话比起来，孩子更愿听到父母实实在在的评价，比如，你夸孩子的画画得好，一定要指出哪里画得好，是构图比较好，还是色彩搭配比较好。

只有听到父母发自内心的夸赞，孩子才会拥有自豪感和成就感，才会激发他们的上进心。

14. 最好的教育是关爱

望子成龙几乎是每一位家长的心愿，可以说，天下没有不期盼自己的孩子成才的父母。

尤其进入 21 世纪后，社会竞争日益激烈，为了让自己的孩子将来能立于不败之地，不少父母煞费苦心，从孩子很小的时候便开始给他们报课外班，甚至不惜重金为他们聘请家庭教师。

大部分家长认为，只要为孩子提供最优越的教育资源，他们就能出人头地，成龙成凤。而事实上，最好的教育不是如何向孩子传授知识，而是如何向孩子表达关爱。

华盛顿大学医学博士琼 · 卢比研究发现，父母对孩子的关爱可以改变他们大脑中海马体的大小。

众所周知，海马体决定了一个人的记忆、学习及对压力的反应能力。而一个人的海马体的大小，常常与幼儿时期受到的教育有着密切关系。

越是得到父母及亲人细心呵护的孩子，海马体越大，这些孩子长大后，在学习、工作及社交中的表现要比那些没有得到相应关爱的孩子强许多。

既然父母的关爱对孩子的成长如此重要，那么，我们应该从哪些方面对孩子进行爱的教育呢？

首先，每天给孩子一个拥抱

拥抱是一种肢体语言，也是一种爱意的表达，尤其对孩子来说，往往能起到无声胜有声的作用。

如果父母经常拥抱孩子，孩子会建立起安全感和幸福感，他们知道，爸爸妈妈是爱他们的，无论他们在外面受了多大的委屈，只要有父母温暖的怀抱，他们就有足够的信心克服成长中遇到的各种困难。

此外，温柔的拥抱和爱抚还能使烦躁中的孩子安静下来，起到舒缓压力和刺激大脑发育的作用。

其次，陪孩子一起玩耍

细细想来，现在的孩子几乎什么都不缺，唯独缺少父母的陪伴。随着当今生活节奏的加快，不少家长忙于生计，忙于应酬，多少次深夜归家，孩子已然睡去；多少次早上出门，孩子还在睡梦之中；多少次答应陪孩子逛公园，却一再食言……

如今，留守不再是农村孩子的“专利”，城市中的孩子也不例外，因为父母忙碌造成的“隐性失陪”或“半失陪”情况越来越多。对于孩子来说，再舒适的学校、再多的玩具、再好的保姆，也无法代替爸爸妈妈的关心和陪伴。

孩子对亲情的渴望，远远超过了对物质的需求，许多在成人看来微不足道的事情，在孩子的眼里却显得十分珍贵。

因此，即便家长工作再忙再累，每天也要抽出至少半个小时的时间陪孩子，陪他们聊天、散步、做游戏，让他们真切地感受到爸爸妈妈是在乎他们的。

15. 常对孩子微笑，有助于孩子成长

曾经，有一位外国影迷好奇地问李连杰：“你认为最厉害的中国功夫是什么？”那位影迷以为李连杰会回答大力金刚掌、易筋经、九阴白骨爪、降龙十八掌什么的，但出乎意料的是，李连杰却微笑着说：“是微笑。”

外国影迷十分困惑，李连杰接着又说：“因为微笑可以兵不血刃地征服别人，世界上没有任何一种功夫能达到这种境界，所以微笑才是最上乘的功夫。”

微笑不仅在人际交往中起着至关重要的作用，在家庭教育中同样如此。儿童心理专家普遍认为，微笑是最好的教育方式之一，每一个孩子都喜欢父母的微笑。

生活中，一些父母为了维护家长的威严，一次又一次地强压着微笑，努力紧绷着脸，生怕嘴角一牵动，就会影响自己高高在上的形象。因此，大部分家长对待孩子的态度皆是严肃有余，活泼不足。

实际上，对孩子微笑，不仅不会影响父母在孩子心目中的形象，还有助于孩子的成长，这主要表现在以下几方面：

一、微笑能增进父母与孩子之间的亲近感

一份调查显示，90% 以上的孩子都不喜欢父母板着一副冷冰冰的面孔——家长的面部表情会直接影响孩子的情绪。

父母的严肃、冷淡往往会让孩子备感紧张，甚至恐惧，从而对父母敬而远之。

对于孩子来说，尤其是性格比较内向的孩子，家长的笑容无疑是最美的语言，因为它可以“告诉”孩子：爸爸妈妈是爱你的，你永远是爸爸妈妈手心里的宝。这样，有了父母的爱，孩子会更加亲近父母、依恋父母。

二、微笑能够促进孩子乐观性格的形成

大家都知道，笑是一种积极、乐观的情绪，而忧伤则是一种消极、悲观的情绪。父母向孩子微笑，实际上就是向孩子传递积极、乐观的心态。

父母常对孩子微笑，孩子也会受到感染，变得十分积极、乐观，而这种性格的人更能克服成长中遇到的各种困难，也往往更容易成功。

三、微笑能够让孩子产生向上的力量

《蒙娜丽莎的微笑》之所以价值连城，是因为受到很多人的推崇和喜爱；“回眸一笑百媚生”之所以会有那么大的魅力，是因为能醉倒古往今来千千万万的文人骚客。可见，答案都在这笑里。

当孩子遇到挫折时，父母的微笑就是一种鼓舞；当孩子伤心难过时，父母的微笑就是一种安慰；当孩子不小心犯了错时，父母的微笑就是一种宽容和理解；当孩子独立面对某事时，父母的微笑就是一种信任和鼓励；当孩子取得好成绩时，父母的微笑就是一种肯定和褒扬……

可以说，微笑是"解语花""忘忧草"，虽然它只是一种简单的表情，无需语言，无需金钱，只须牵动面部肌肉和嘴角就能完成，但它却能产生神奇的效果。

假如孩子的心灵是一片沃土，那么你的微笑就是一粒种子。比起那些物质的东西，孩子往往更喜欢父母亲切的微笑，既然如此，家长何不露齿一笑呢？

16. 四招化解孩子的"电视瘾"

周末，与朋友聚会，大家不约而同地提到了孩子对电视上瘾的问题。

一位朋友说，孩子回到家的第一件事就是看电视，哪怕对动画片里的那些人物和情节都能倒背如流了，他还是看得津津有味。

另一位朋友说，孩子一点儿也不爱学习，整天就知道看电视，真为他的前途感到担忧。

还有一位朋友说，我的孩子像着了魔似的，你不让他看电视，他就大哭大闹，有时我真想把电视机给砸了……

听了朋友们的倾诉，我不禁陷入了沉思。

其实，孩子沉溺于看电视是有原因的，且大多与家长的教育有关。一个坏习惯的养成并非是一朝一夕，而是长期被纵容、被忽视的结果。

孩子小的时候，一些家长为了省心，常把电视当保姆，孩子想看多久就让他们看多久。

入学后，孩子的角色发生了转变，家长这才开始限制孩子看电视，可孩子已经习惯了以前的生活方式，一时半会儿很难改变，于是他们抗拒、叛逆，与家长玩“躲猫猫”。

还有的家长自己本身就是电视迷，肥皂剧看了一部又一部，受家长的影响，孩子也成了电视迷。

对于孩子喜欢看电视这一现象，家长不要过于忧虑，要理性地对待。

在当今这样一个信息大爆炸的时代，限制或禁止孩子看电视都是不合理的——家长不要把看电视当作洪水猛兽，实际上，它并没有那么可怕，只要引导得当，孩子同样能够茁壮成长。

一、为孩子选择适宜的电视节目

现在的电视节目鱼龙混杂，有些节目并不适合儿童观赏，家长要尽量让孩子远离那些低俗的节目，多让孩子看一些充满想象力、智慧和乐趣的节目。比如《动物世界》《走近科学》《地理中国》等科普、探险节目，这些节目不但能够丰富孩子的生活，而且能激发孩子的求知欲和探索欲。

二、与孩子约定看电视的时间

一些孩子一遇到自己喜欢的节目就沉迷其中，如果家长不加以限制，他们往往停不下来，一看就是半天，这对孩子的身心健康极为不利。

众所周知，长时间盯着屏幕，不仅会伤害孩子的视力，还会造成孩子精神涣散，注意力不集中，影响日后的学习和生活。

所以，家长最好一开始就和孩子商量好看电视的时间，原则上一次不能超过半小时，一天不能超过两小时。

三、转移孩子的注意力

家长不要让孩子整天“宅”在家里，要尽量鼓励他们走出去，比如找同伴玩耍、到户外踢球、到图书馆看书等。家长也可以时常带孩子去公园或游乐场玩，让孩子多接触外面的世界，培养孩子其他方面的爱好。

孩子发现有比看电视更有意义的事，他们自然就会远离电视。

四、常与孩子讨论剧中人物

家长可以选择一些孩子感兴趣的影视故事，就事论事，或加以引申，让孩子从中受到鼓舞，明白一些为人处世的道理，以便从小在他们的心里播下真、善、美的种子。

17. 孩子不喜欢老师怎么办

当孩子满怀委屈地对你说，他不喜欢某位老师，并希望转学时，你会做出怎样的回答呢？是推波助澜地斥责老师，还是语重心长地规劝孩子？抑或一气之下答应孩子为其转班或转学？

老师对孩子的影响是巨大的，甚至是终生的。如果一个孩子喜欢他的老师，就会对这位老师所教的学科产生浓厚的兴趣，学起来也就得心应手，有如神助，充满了信心和欢乐。

反之，如果一个孩子讨厌他的老师，就会对这位老师所教的学科有所排斥，表现为上课时精力不集中、做作业时草草了事、有不懂的问题时也从来不问老师。

抱着应付或被动的心态是很难取得好成绩的，长此以往，孩子就会陷入一个可怕的恶性循环中——成绩越差就越不想学；越不想学，成绩就越差。

然而，许多家长并不明白这个道理，所以当他们听到孩子不喜欢自己的老师时，往往会火冒三丈，觉得孩子受到了不公平待遇。

出于护犊心理，家长会不由自主地将矛头指向老师，认为一切都是老师的错。于是，有的家长仅凭孩子的一面之词，就草率地为孩子办了转学手续。

我们姑且不去追究谁对谁错，单就转学来说，这不是一个正确的选择。

首先，孩子需要用很长一段时间去适应新的环境，适应新的老师和同学，这会对孩子的心理和学习造成一定的影响。

其次，如果问题出在孩子身上，转学就会成为一种对孩子的纵容，不仅孩子的问题没有得到解决，孩子反而会变本加厉，达到无法挽回的地步。

再次，即便你给了孩子转学的机会，也无法保证他会遇到喜欢的老师，要是孩子仍然不满意，那该怎么办呢？不可能继续转学吧？

当听到孩子说不喜欢他的老师时，家长最好认真地听他把话讲完，了解事情的前因后果。

原则上来说，老师一般不会歧视某个学生。

孩子说不喜欢他的老师，也许是老师过于严厉，或者是作业布置得过多，孩子只是抱怨一下，并没有家长想象的那么复杂、那么严重，等过一段时间，可能孩子自己都不会记得曾说过这样的话了。

有的孩子可能是因为老师平常不够关注他，很少叫他回答问题，或者很少当众表扬他，于是会误认为老师不喜欢他，从而心生怨恨。

遇到这种情况，家长不妨从以下几个方面入手：

一是经常在孩子面前夸赞他的老师

如果家长表现出对老师的尊敬和喜爱，孩子也会对老师产生好感和亲近感，这有利于和谐师生关系的形成。

二是告诉孩子老师很喜欢他，还在开家长会时表扬了他

老师的夸奖胜过蜜糖，会让孩子信心倍增，从而改变对老师的看法。

三是指导孩子如何与人相处

大千世界，人的性格各不相同，不可能每个人自己都喜欢，也不可能每个人只和自己喜欢的人打交道——与其拒绝他人，不如接受他人。

每个人身上都有缺陷，老师也不例外，即使你不喜欢他，也要学会尊重他。

18. 这些细节家长不可小视

有一句俗语说得好，细节决定成败。意思是说，成功与失败往往取决于生活细节——注重细节则会成功，忽略细节则会失败。

家庭教育同样如此。在一个小区的花园里，几个孩子正在一起玩，玩着玩着，一个大点的孩子一把抢过另一个小点的孩子的玩具，还霸道地推了那个孩子两下。

失去玩具的孩子伤心地哭了起来，边哭边说："还给我，还给我。"

听到孩子的哭声，两位家长不约而同地走了过来。

我以为抢玩具的孩子的家长会郑重其事地教育孩子，并要求他向同伴道歉——谁知这位家长一把从孩子手里夺过玩具，嘴里还不耐烦地说："这破玩具有什么好玩的，妈妈给你买新的去。"

抢夺别人的东西，这在孩子中比较常见，但许多家长并未引起重视，认为这只是孩子之间的打打闹闹，没有必要认真对待。

事实上，这绝不是一件小事。

常言说，小时偷针，大时偷金。很多看似平常的犯罪行为，其实都是有其发生的根源的。如果家长不对孩子的抢夺行为加以制止和引导，孩子就会把这种不劳而获的行为当作一种常用的手段，长大后甚至走上违法犯罪的道路。

同事家住四楼，每天中午和晚上总要承受楼上天翻地覆的吵闹声，那都是楼上孩子的"杰作"。

有一次，同事忍无可忍，找楼上的家长理论，但对方很不友好，冷冰冰地说："孩子天生就爱玩爱闹，我不可能将他的手脚绑住吧？"

同事听后，呛得半天说不出话来。

爱玩爱闹是孩子的天性，但我们不能一味地护着孩子，得考虑左邻右舍的感受。如果家长放任不管，就会助长孩子的这种行为，以后他们即便不会制造噪音打扰别人，也会干出其他不受人欢迎的事。

面对这种情况，一方面，家长要教育孩子在玩的时候，尽量不要影响他人，不能将自己的快乐建立在别人的痛苦之上。另一方面，家长可以和孩子约定一个时间，最好错开早晚休息时间，或者在孩子经常玩的地方铺上一层软垫子，以便尽可能地减小噪音。

在一家长途汽车站的候车厅，一个孩子爬在座椅上玩耍，好几个座位上都留下了他脏兮兮的脚印。但他的家长坐在一旁视而不见，充耳不闻，一直自顾自地玩手机。

一位乘客好心提醒那位家长，让她管管孩子，可她不但不听，还骂别人多管闲事。

生活中，我们十分讨厌那些随意插队、随便乱扔垃圾的人，可你有没有想过，那些人的行为可能正是家长从小放纵的结果。

遵守交通规则、遵守公共秩序、爱护环境和公物等，是每个人应尽的义务和责任，我们应该从小教育孩子遵守社会规则，养成良好的生活习惯。

所谓“千里之堤，毁于蚁穴”，对于育儿中的一些小问题、小习惯、小细节，我们不能听之，任之，放之，否则，可能会给孩子的人生带来灾难性的后果。

19. 请给孩子合理的期待

我有一个邻居，他对孩子的要求非常严格，几乎达到了苛刻的地步。

为了让孩子考上重点高中，他不仅给孩子买了许多学习资料，还不惜重金，专门给孩子请了一位家庭教师，让孩子把所有的业余时间都用在了学习上。

可是，由于孩子的学业基础不太好，努力了半年，成绩还是没有提高多少。该家长十分愤怒，认为是孩子不够用心，一气之下就打了孩子一顿。从那以后，只要孩子达不到家长的要求，该家长就会发动一场暴风骤雨。

在这种粗暴的教育之下，他的孩子最终连初中都没毕业就被迫辍学了。

这个孩子的遭遇，也许值得我们很多家长反思。

起初，可能每一位家长都对自己的孩子充满了信心和期望，可是随着年龄的增长，尤其是孩子进入学校后，优势与劣势就会一下子凸显出来——有的孩子很优秀，几乎每一科成绩都出类拔萃；而一部分孩子却归于平凡，甚至平庸了。

面对不太优秀的孩子，一些家长按捺不住焦急的心情，开始给孩子“开小灶”，上“紧箍咒”，期望孩子在短期内赶上别人，或是有较大的改观。结果，家长越是心急，越是给孩子下猛药，孩子越是不给力。

于是，一些家长由期望到失望，到愤怒，到放弃，要么变本加厉，用惩罚的方式折磨孩子；要么放任自流，让孩子自生自灭。

其实，这些家长都在不经意间犯了一个严重的错误，那就是过于急功近利，殊不知，孩子的成长需要慢慢来。

每个孩子都有自己的个性特点，他们的学习成绩不优秀，并不代表在其他方面也不优秀。而家长往往只看到了孩子的短处，却忽略了孩子的闪光点，这就造成家长恨铁不成钢，孩子则有苦说不出。

拿自己孩子的短处去跟别人的长处相比，换来的只有家长的失望和孩子的自卑。聪明的家长，常常会放大孩子的优点，缩小孩子的缺陷，让孩子在点点滴滴积累起的成就感中找到自信，继而影响到他们的其他方面，使其逐渐成为一个优秀的人。

孩子不优秀，有时并非他们不努力，而是有着其他方面的原因，比如智力的因素。

虽然大部分孩子的智力发育水平相差不大，但还是存在着较为明显的个体差异。有些孩子智力发育比较早，属于早慧型，他们前期非常优秀，其他孩子很难与之相比；而有的孩子智力发育比较缓慢，属于大器晚成型，他们在后期比较突出。

通常情况下，女孩的智力发育水平又要比同龄的男孩早，也就是说，一些男生在小学可能不如女生，这是很正常的现象。但随着智力发育的成熟，他们会在初中或高中赶上女生，甚至超越女生。

因此，家长要充分了解自己孩子的智力水平及现状，给予孩子合理的期待，千万不要盲目攀比，拔苗助长。

孩子的成长是一个漫长的过程，就像一棵树，需要数十年才能成材。家长要懂得因材施教，循序渐进——如果不顾孩子自身的素质和条件，想要一锄头挖个金娃娃，那么只会在无形中给孩子增加压力，甚至造成巨大的伤害。

俗话说，饭要一口一口地吃，路要一步一步地走。对于暂时不优秀的孩子，家长不要着急，要耐心地等待，合理地引导，适时地激励，给孩子成长的时间和空间。

20. 自卑是条毛毛虫

不知从何时开始，女儿变得自卑了起来：上课不敢举手提问，下课不敢与同学交流；一遇到困难就退缩，不愿参加竞技活动，也不敢在别人面前表现自己；做事总是缺乏主见，人云亦云，从不愿轻易去实践……

面对孩子出现的诸多问题，我感到既困惑又焦急。

我知道，自卑不是一种健康的心理，如果继续发展下去，势必会影响孩子的学习和生活，甚至会影响到孩子未来的人生——我必须寻找一个行之有效的方法，帮助孩子走出自卑的阴影。

那天，我和女儿在院子里玩皮球，玩得正高兴时，一不小心将皮球踢进了附近的草丛里。女儿跑了过去，她刚想抱起皮球，突然发现皮球旁边的一片草叶上伏着一条毛毛虫，她吓得赶紧收回手，并发出一声惊恐的尖叫。

我告诉女儿，不用害怕，毛毛虫不会咬人的，因为它没有牙齿，如果你愿意，还可以和它成为朋友呢。

在我的鼓励下，女儿重新靠近毛毛虫，认真地观察了一会儿，然后用蔑视的语气说："毛毛虫真丑啊！我从来没看见过这么丑的昆虫。如果我是一条毛毛虫，我一定会躲在那些别人看不见的角落，一辈子都不出来。"

女儿的话令我感到十分震惊，我没想到她竟然会有这么奇怪的想法，看来我是该好好引导她一下了。

对，毛毛虫就是一个很好的例子！

我眼前一亮，接过女儿的话茬说："是的，毛毛虫很丑，但它并不自卑，而且一直在追求自己的生活。你别看它现在的样子挺吓人，但用不了多久，它就会变成一只美丽的蝴蝶。"

"丑陋的毛毛虫怎么可能变成美丽的蝴蝶呢？它们可是两种完全不同的昆虫啊！"女儿一副难以置信的样子。

我用童话般的语言跟女儿解释说："不，你看到的毛毛虫和蝴蝶，其实只是一种生命的两种不同的形态。毛毛虫起初也为自己的丑陋感到自卑，从来不敢与其他动物一起玩耍，甚至不敢正视自己的身体。但当它的妈妈告诉它，它是一只蝴蝶后，它终于明白了，现在的状况只是暂时的，只要自己不放弃，勇敢地生活下去，终有一天，也会变得跟妈妈一样漂亮。"

为了让女儿明白毛毛虫变成蝴蝶的全过程，我将那条毛毛虫捉住，然后放进了一个透明的玻璃瓶里，并让女儿每天折些嫩枝和青草放在瓶中，给毛毛虫吃。

过了一段时间，毛毛虫的身体发生了明显的变化，它的表面出现了棕色的硬壳，不再吃东西，也不再爬来爬去。

我告诉女儿，此时的毛毛虫已经变成了一只蛹，用不了多久，它就会蜕变成一只美丽的蝴蝶。

女儿对此充满了期待。

终于在一个午后，她看见一只蝴蝶从蛹壳里爬了出来。没多久，翅膀变硬后，那只蝴蝶便展开美丽的双翅翩翩起舞。望着飞向窗外的蝴蝶，女儿高兴得手舞足蹈，啧啧赞叹："真是太神奇了，太美丽了，我也要变成蝴蝶。"

我站在一旁，仿佛自言自语地说："孩子，虽然现在你只是一条不起眼的毛毛虫，但那是成为一只蝴蝶的必经历程。如果你肯努力，克服内心的自卑，大胆地追求，我相信，用不了多久，你也会化蛹成蝶，自由自在地穿梭于万花丛中。"

女儿听后，若有所悟，郑重地点了点头。

21. 把盐放进汤里

可能许多家长都有这样的体会：我们出于对孩子成长的关心，或是对孩子未来的忧虑，会苦口婆心地给孩子讲学习的重要性，并牺牲自己娱乐和休息的时间辅导孩子去学习，告诉他们哪些事应该做、哪些事情不能做。

可是，孩子对此却一点儿也不领情，总是将父母拒之门外，找各种各样的理由应付、逃避。

也有很多父母想不通，为什么明明是营养的食物，一旦到了孩子那里，就变成了难以下咽的糟糠了呢？

其实，这一点儿也不奇怪。如果有人问你，盐重要吗？答案当然不言而喻。盐是我们身体所必需的物质，离开了盐，人根本无法生活。可是，如果有人舀一勺盐让你吃，你一定会皱起眉头，不接受，甚至会骂别人神经病。但是，如果换一种方式，将盐加入汤里或菜里，你一定会欣然接受，还会夸赞别人几句。

这时，你可能会觉得奇怪，同样是盐，为何会产生如此巨大的反差呢？

这便是方法带来的神奇效果!

教育孩子也是这样，如果你直接向他灌输知识，或是强加给他某种意愿，他一定会觉得特别难受，甚至产生抵触心理。即便有些家长利用自己的权威逼迫孩子就范，但往往收效甚微。

许多孩子之所以出现厌学情绪，就是因为这种方式造成的。可以说，盲目教育会使教育的效果大打折扣，甚至会适得其反。

如果你懂得变通，将教孩子的知识和做人的道理融入生活、游戏和故事中，孩子则会饶有兴趣地接受，并期待你教给他更多的东西。

但遗憾的是，在生活中，不少家长几乎都是直接将“盐”拿给孩子吃，所以，他们遭到孩子的拒绝也是情理之中的事。

既然如此，我们为何不将“盐”放进“汤”里呢？那样，不仅孩子会在不知不觉中将“盐”吸收，还会爱上“汤”的鲜美。

当然，要将“盐”放进“汤”里，这就需要家长转变自己的教育方式，深入了解孩子的需求及个性特点，让孩子从被动学习中解放出来。

家长始终要记住，孩子不是一部学习机，而是一个有血有肉、有思想感情的人，对他们进行填鸭式、命令式的教育，只会远离教育的目的。

家长要充分考虑孩子的接受能力、认知能力和兴趣爱好，那样才能将“汤”做得美味可口，达到润物细无声的效果。

同时，作为家长，我们应该形成这样一种认识：生活是由许多部分组成的，学习只是其中的一个方面，切不可因为“盐”重要，就将它剥离出来，单独拿给孩子吃——要知道，“盐”重要，其他东西同样重要。

尼采说，真正的哲学不是救世，而是救人。而我要说，真正的教育，不是为了传授知识，而是为了育人——聪明的家长，不会给孩子吃“盐”，而会给孩子送“汤”。

22. 别让孩子把快餐当正餐

作为一名教育工作者，我发现一个奇怪的现象：学校图书馆里的经典名著鲜有人问津，或是学生借出去一两天就还回来了，根本不会细读。而像什么漫画、笑话、星座之类的书籍，却十分受孩子们的欢迎，几乎供不应求。

这不禁让人有些担忧。想当年我们都是比谁的名著读得多、谁的理解能力强，而现在的孩子只在乎什么书好看、什么书有趣，长此以往，真不知道他们能从这些书中学到什么东西。

随着生活节奏的加快，快餐走进了人们的生活，像肯德基、麦当劳、必胜客等。而快餐文化也随之落地生根，不少粗制滥造的作品大行其道，成为人们阅读的主流书籍。

受此影响，孩子们的阅读范围越来越狭窄，口味越来越单一，内容越来越通俗。

对于快餐文化，人们是这样定义的：在体验过程中只追求速成、短期、通俗、流行，不注重深厚积累和内在价值的文化思潮和文化现象。

可能有些家长要问，是什么原因导致孩子喜欢上了快餐式阅读呢？我认为，主要有以下几个方面的因素：

一是追求速成，想要在短期内取得成效

这也许跟家长望子成龙的迫切心理有一定的关系，因为有的家长总是不切实际地要求孩子在规定的时间内读完多少本书，而孩子为了完成数量上的任务，只好走马观花，囫囵吞枣。

二是孩子在阅读时，缺乏必要的引导

由于年龄和阅历的关系，孩子不知道选择什么书读，也不知道怎么读，于是就跟着时代走、跟着感觉走、跟着别人走。

三是纯文学类作品属于严肃文学

纯文学作品由于语言过于复杂、思想过于深刻，往往让孩子难以理解；而快餐类读物，往往浅显易懂，充满趣味性，所以更容易让孩子接受，于是他们纷纷选择了这类读物。

大家都知道，快餐不利于人的身体健康，同样地，快餐文化也不利于孩子的精神成长。对于正餐而言，快餐只是一种点缀或调剂，而不少孩子却本末倒置，将快餐当作正餐，这是非常危险的。

一方面，快餐式阅读，占据了孩子大量宝贵的时间，却不能给孩子的成长带来益处。只求速度和趣味的快餐阅读，注定只能填饱你的肚子，却不能给你提供太多的营养，并且吃多了还会出问题。

另一方面，快餐类读物一般都没有多少文化内涵，属于低劣产品，通常是用来消遣、娱乐、减压的。所以，它不会给孩子的心灵带来震动，也不会帮助孩子提高语言表达能力和运用能力，而只会造成孩子越来越浮躁，越来越浅薄，心胸越来越狭窄，精神世界越来越空虚。

可以说，快餐食物会导致孩子的身体出现亚健康；而快餐文化，则会让孩子的精神出现亚健康，对此我们不得不引起注意和深思。

因此，我们必须让孩子明白一点，那就是快餐只能填饱肚子，正餐才有营养，不能让快餐将正餐取而代之。

23. 家长止步，孩子才能进步

可能很多父母都有这样的体会：现在的孩子生活习惯越来越差，自主能力越来越差，创新意识越来越弱，似乎离开父母就很难生存了。

到底是什么原因造成了这一结果呢？我想，这主要是因为家长的教育方法不够恰当，抑或是管得太多了吧！

那天，当我接到单位的调令时，一下子蒙住了，虽然只是到离家 30 公里远的分校工作，但我还是感到不知所措。

如果我去分校上班，那女儿的生活起居怎么办？谁来照顾她呢？我每天一大早就得出门，根本无法接送孩子，中午也无法赶回家为孩子做饭。

本来，我想将女儿寄宿到亲戚家里，或让她在外面吃饭，这样一切问题就都解决了。可转念一想，长期麻烦别人也不是办法，何不借此机会锻炼一下孩子的独立生活能力呢？

女儿从出生以来，就一直笼罩在爱的光环之下，过着“衣来伸手，饭来张口”的优越生活，什么家务活都不用干，什么事都不用操心，只管无忧无虑地玩。如今，她已经 10 岁了，是该独自面对一些事情，解决一些问题了。

正好此时是暑假，我有足够的时间训练她。

为了让女儿尽快成长起来，我决定让她学会自己上下学。

首先，我给女儿讲解了一些基本的安全知识和需要特别注意的事项，然后让她试着独自去学校，再从学校走回来。

刚开始，我有些不放心，悄悄地尾随其后，观察孩子过马路时的一举一动。如此反复数次，见女儿没有什么大的问题，我就慢慢地放开了手。

接着，我开始教女儿如何给闹钟定时，如何梳头，如何开门、锁门，如何使用电饭煲、天然气灶，如何温奶，如何淘米、洗菜、切菜，如何做饭，以及该放多少油、多少盐等。

我原以为孩子学这些生活常识很困难，没想到女儿的领悟力特别高，没过多久基本上都学会了。

上班第一天是我最担心的一天，我如同热锅上的蚂蚁一样坐立不安，不停地给老师打电话，询问女儿的情况。

事实上，我的担心完全是多余的，那天什么状况也没有发生——女儿按时上学，按时回家，中午也没有饿着。

晚上回到家里，我将女儿搂在怀里，亲了又亲，还说了许多贴心的话。

一段时间下来，女儿渐渐适应了新的生活，偶尔还会主动帮我做一些事情。

记得有一天下午我回家晚了，女儿竟亲手给我煮了一碗面条。尽管味道不是很好，汤有些咸，面有些软，但我还是感动得热泪盈眶，毕竟孩子懂得心疼人了。

吃着女儿煮的面，我觉得孩子仿佛一夜之间长大了。

一年后，我又调回了城里。此时我惊奇地发现，女儿在各方面都取得了巨大的进步。

经历了这件事后，我突然发现，其实很多时候我们低估了孩子的能力，总是认为他们这也不行那也不行。事实上，只要家长止步，孩子就会进步——过多地包办或干预，只会滞碍孩子的成长。

教育是引导，而不是约束；是帮助，而不是代替；是鼓励，而不是强求。

24. 不要替孩子看世界

有一位家长带孩子去动物园玩，刚进大门，他就滔滔不绝地向孩子介绍道："宝贝，这是长颈鹿，它们有着长长的脖子，能够轻而易举地吃到树叶，是世界上最高的陆生动物；这是东北虎，你别看它们和猫长得很像，但异常凶猛，是'兽中之王'——你瞧，它们的额头上都有一个醒目的'王'字……"

家长的目的显而易见，他是为了给孩子灌输知识，让孩子认识动物，了解动物，从而激发起孩子保护动物的意识。

然而遗憾的是，家长的做法恰恰适得其反了——本来孩子之前对动物园充满了好奇与期待，但经大人这么一解释，孩子顿时觉得索然无味。半天下来，孩子只是被动地跟在家长身后，完全体会不到其中的乐趣，一副没精打采的样子。

在日常生活中，家长出于对孩子的关心和保护，总是有意无意地替孩子做主，替孩子看世界，以为这样就能让孩子少走弯路，克服前进中遇到的障碍。

其实，这只是家长一厢情愿的行为，不仅对孩子的成长没有多大帮助，还会在无形中扼杀孩子的自主意识、探索精神。

美国资深教育专家芭芭拉女士说：“四五岁的孩子学到什么并不是最重要的，更重要的是体验——音乐、舞蹈、绘画等不同领域的参与能让孩子学会发挥自己的想象力，而这才是他们学习和思考的好方法。”

让孩子自己去发现、自己去探索，往往比父母直接传授、反复强调，效果要好得多。因为在孩子的思维模式里，他们有自己的想法，家长传授的知识也许并非是他们所关注的，而对自己发现的东西，他们往往会涌现出无限的兴趣。

当孩子对外界的事物有了探索的欲望时，家长要做的不是急着告诉孩子这是什么，而是要通过引导和鼓励，让孩子自己动手、自己动眼、自己动脑。

比如，在上面的案例中，家长完全可以在孩子注意到长颈鹿时问孩子：“宝贝，你猜这是什么动物，它们有什么特点？”

只要激发起孩子对某样事物的兴趣，他们就会十分乐意地去关注它。谁又能说在他们主动认知事物的过程中，不会迸发出创造的火花呢？

教育是一个磁场，而不是一根绳子，所以，吸引永远比束缚更有效。束缚，只会让孩子产生出一种挣脱感；而引导，则会让孩子建立起一种归属感。

学习不应该是家长或老师强迫孩子去进行的，而应该是孩子自发的、本能的行为选择。聪明的家长总会在孩子面前装“傻”，把机会留给孩子，并想方设法地创造条件，让孩子自己去观察，去思考，去发现，去解决。

25. 孩子，你可以做得更好

前不久，女儿参加了一场知识竞答比赛。由于准备得不够充分，加上有些紧张，发挥得不是很好，结果第一轮就被淘汰了。回到家里，女儿的情绪低落到了极点，提不起一点儿精神。

我知道女儿的心里一定很难受，因为她向来心高气傲，没有经受过丝毫挫折。在参加比赛前，她还用豪言壮语对我说，即便不拿一等奖，也至少能捧一个三等奖回来。现在却连初选都没通过，这叫她如何不伤心呢?

我安慰女儿："宝贝，没什么大不了的，比赛本来就是重在参与的事，有没有拿到名次无关紧要，关键是要享受过程。

"再说，竞答比赛你失败了，这并不代表你不优秀，也不能说明你在其他方面也很差。毕竟尺有所短，寸有所长，每个人都有自己的长处和短处，只要你尽了自己最大的努力，就没有什么可遗憾的了。"

我的宽慰不但没有让女儿高兴起来，反而让她更加难过。她望着我，几乎吼叫道："我就是想得第一名，就是想拿大奖！您不是经常夸赞我，说我是最棒的、最优秀的吗？可为什么和别人比起来，我那么差劲呢？我是不是很笨啊？”

那一瞬间，女儿先前建立起来的自信完全坍塌了，她甚至还怀疑自己的智商有问题。

我没想到女儿把分数和名次看得这么重要，更没想到女儿的承受能力会如此之差。这时，我也才恍然意识到自己滥用夸奖带来的不良后果——正是因为我的那些言过其实的夸奖，才致使女儿变得如此脆弱，如此害怕失败。

对于孩子的教育，多年来我一直奉行“多夸奖，少批评或不批评”的原则——“孩子，你真棒”“孩子，你真行”“孩子，你做得太好了”，这些都是我时常挂在嘴边的话。

我片面地认为，只有常常夸奖孩子，才会让孩子获得成就感，找到自信，从而激发起向上的动力——哪曾料到，夸奖也会有副作用。月盈则亏，水满则溢，凡事都应该有个度。

虽然鼓励教育现在被视为最佳教育方式，但过度的夸奖却不利于孩子的成长。它不仅会助长孩子的骄傲情绪，还会在无形中给孩子施加压力，使孩子“高处不胜寒”，一旦遭遇挫折，就会变得自暴自弃，不敢面对现实，也不敢接受挑战。

正如一位育儿专家所说：“与其夸孩子聪明，不如夸孩子上进；与其夸孩子全部，不如夸孩子具体；与其夸孩子人格，不如夸孩子事实。”

从那以后，我总是就事论事，从不夸大孩子的成绩，还把口头禅从“孩子，你真棒”换成了“孩子，你做得很好，但你还可以做得更好”。

26. 让孩子在探索中成长

一天下午，女儿神神秘秘地指着屋角的一张纸对我说：“爸爸，你看那是什么？”

我瞧了一眼说：“是一张餐巾纸，没什么特别的呀！”

女儿摇摇头说：“不对，你再仔细瞧瞧。”

我俯下身子，认真地看了看，发现那张餐巾纸上正趴着一只小得可怜的蜗牛，于是我故作惊奇地欢呼道：“宝贝，这是一只小蜗牛，你从哪里弄来的？”

女儿有几分得意地说：“我在学校的草丛里抓到的，是费了很大的劲才找到这么一只。”

“嗯，小蜗牛非常可爱，你要用心照顾它啊，可别让它饿着、渴着了。”

女儿高兴地点点头，但随后她又犯难了，因为她不知道小蜗牛喜欢吃什么。女儿先是试着给它丢了几粒米饭，但它对此视而不见，毫无反应。接着，女儿又在它面前放了一块饼干，可它仍然没有什么动静。

最后，女儿把她喜欢的零食全给了小蜗牛，可它还是一动不动。女儿着急地问我："爸爸，蜗牛到底喜欢吃什么呀？我把我最喜欢吃的零食都给了它，可它还是不满意。"

我轻轻地抚摸着女儿的脑袋，微笑着说："宝贝，蜗牛是一种小动物，它跟人的生活习惯是不一样的，我们喜欢的食物，它可能一点儿也不感兴趣。但是很抱歉，爸爸也不知道蜗牛喜欢吃什么——如果你真的喜欢蜗牛，那么你可以查查字典，看上面有没有答案。"

刚开始，女儿不太会使用字典，翻了半天也没找到，后来在我的耐心指导下，她终于找到了"蜗牛"这个词。字典上面解释说，蜗牛喜欢吃草本植物的表皮。可是，女儿不明白植物的表皮是什么。

于是，我又引导女儿上网查询。查到的结果是，植物的表皮就是植物最外面的一层细胞，如茎、叶、花等。同时，女儿还查到蜗牛喜欢吃的食物有很多，如面包树、蔬菜、蘑菇、瓜果树叶等。

不一会儿，女儿从冰箱里找来一张嫩生生的莴苣叶，将它分成一小段一小段的，然后放在小蜗牛的旁边。果然，没过多久，小蜗牛就爬到了莴苣叶上，小心翼翼地吃了起来。

见此状，女儿开心地说："小蜗牛一定饿坏了，它整整一下午都没吃东西了。"

在女儿的精心照料下，小蜗牛一天天地成长着，女儿也快乐地成长着。

可是有一天，女儿放学回来，突然发现她心爱的小蜗牛不见了——她找遍了所有的房间和角落都没有找到，于是坐在地板上伤心地哭了。

我安慰女儿说："你不要难过，蜗牛一定是想它的妈妈了——你想，你把它从学校里捉回来，它的妈妈该有多着急呀！就像如果有一天你不见了，爸爸妈妈会着急一样。现在它去找它的妈妈了，你应该感到高兴才对。"

听我这么一讲，女儿顿时大悟，她后悔地说："早知道这样，当初我应该把它的妈妈也找来放在一起，那样它们就没有什么好牵挂的了。"

养过一只蜗牛后，女儿学到了很多知识，也明白了许多道理。看来，我们应该让孩子多接触自然，让他们在自主的探索与发现中成长、进步。

27. 让孩子在和风细雨中成长

《种树郭橐驼传》讲了这样一个故事：

郭橐驼是一个种树高手，经他之手栽种的树木，没有不存活的，并且会长得枝繁叶茂，结果早而多。

大家都感到十分好奇，于是有人问他种树的秘诀是什么，他淡淡地说："其实也没有什么秘诀，我只是顺应树木的天性，来实现它自身的习性罢了。栽树时要像对待自己的孩子一样细心，而栽好后就可以让它顺其自然地生长了。

"其他人种树之所以不成功，主要是他们太在乎树的生长了，早上去查看，晚上还要去摸一摸，摇动树干观察树栽得是松还是紧，有的人甚至会割开树皮验证它的死活。他们总认为这样做是爱它，而实际上是害它；他们总认为这样做是担心它，而实际上是破坏它。破坏了树的天性，它又如何能长好呢？"

其实，育儿又何尝不是如此呢？法国著名思想家、教育家卢梭说："教育即生长，生长就是目的，在生长之外别无目的。"也就是说，教育要让每个孩子与生俱来的天性和能力得到健康发展，而不是对其进行简单、直接的灌输。

教育是一种唤醒，而不是取代。如果人为地去塑造孩子，只会适得其反，远离生长的目的。

没有什么比孩子的成长更重要的了。和种树一样，父母不是要想方设法地让孩子按自己的意愿生长，而是要把选择的空间留给孩子，尽可能地为他们提供一个优良的环境。

现如今，不少父母都带着功利心在育儿，为了一个虚幻的前程，家长往往剥夺了孩子的童年和少年，剥夺了孩子休息和玩耍的时间，剥夺了孩子的兴趣和爱好——其结果往往是"有心栽花花不开"，孩子不但没成才，还被扭曲了。

有人说，要成功，首先得成人。如果孩子是春天里的草，那就让他尽情地展现自己的新绿吧；如果孩子是夏天里的树，那就让他尽情地撑起一片阴凉吧；如果孩子是秋天里的菊花，那就让他尽情地怒放吧；如果孩子是冬天里的白雪，那就让他尽情地飞舞吧！

成长是一个自然而缓慢的过程，就像柳树到了春天就会发芽，而大雁到了冬天就会南飞一样。

当孩子按照自己的天性去成长，自然就会获得各种生存技能，家长根本用不着担忧。用纪伯伦的话来说：“你的儿女，其实不是你的儿女……他们借助你来到这世界，却非因你而来，他们在你身旁，却并不属于你。你可以给予他们的是你的爱，却不是你的想法，因为他们有自己的思想……”

尊重孩子的天性，实际上更有利于孩子的成长。一个人的自信，不是靠三五句话的赞美就能建立起来，而是要得到别人长期的肯定才能维持，所以拥有一技之长无疑是最好的方法。

每个孩子都是天才，都有着自身的特点和优势，而家长过多地干预，往往会扼杀孩子的天性，从而让孩子不能发挥出自己的长处。结果，孩子越学成绩越差，成绩越差越没信心，越没信心越自卑，越自卑人生越失败。

就这样，在家长的高期待下，孩子陷入了一个可怕的恶性循环中。

因此，作为家长，千万不要随意为孩子规划人生，更不要随意去压制孩子的天性——未来充满了太多的未知，与其为孩子瞎操心，不如放宽心，让孩子在和风细雨中自然成长，让他们做自己喜欢做的事。

28. 允许孩子顶嘴

入冬以后，天冷了起来。

女儿上学前，我再次嘱咐她，让她多穿一件衣服。没想到女儿并没有听从，而是朝我大声喊道：“我不穿，我不冷！”

女儿的性情突然转变，让我感到有些诧异。以前，女儿一向乖巧，对我言听计从，百依百顺，从不顶嘴，而今天，她竟然学会跟我顶嘴了。

尽管我很生气，但怕女儿在学校受凉感冒，我还是强压住心中的火气，亲切地对她说：“听话，快穿上！”

对于我的关心，女儿非但不领情，还将头扭到一边，冷冰冰地说：“烦不烦呀，都跟你说了不冷，难道我自己不知道冷吗？”说完，她就气冲冲地走了。

生活中，许多家长十分反感自己的孩子顶嘴，他们认为，大人的尊严是不可侵犯的，所以为了维护自己的尊严，哪怕是伤害孩子自尊心的言行，他们也会选择的。

一旦孩子不执行自己的命令，或是为错误而进行申辩，家长就会很恼怒，就像孩子犯了冒天下之大不韪的事似的——要么会恶狠狠地给孩子几个耳光，要么会严厉地把他训斥一番，以强硬的态度阻止他辩解。

其实，孩子顶嘴并没什么大不了，家长不必介意，也不必大惊小怪。

孩子不是一台执行程序的机器，而是一个有思想、有情感的独立个体，他们有自己的想法和意见，这很正常——我们不但不应该为此懊恼，还应该为此高兴，因为孩子学会顶嘴了，从侧面说明他长大了，有自己独立的意识和思想了。

面对孩子顶嘴，家长应该保持冷静的态度，放下所谓的面子，摒弃“家道尊严”的传统，不向孩子强行灌输自己的想法，并让孩子无条件地遵从。

硬碰硬只会伤害彼此的感情，并在孩子的心灵埋下强权的种子。

我们应该给孩子自由发言权，让他们把想说的话说完。

如果孩子是无理取闹，那么我们就对症下药，因势利导，帮助他们认识自己的错误；如果孩子是正确的，那么我们不妨心平气和地听取孩子的意见，尊重孩子的选择，并勇于承认自己的错误。

教育的目的是为了让孩子健康、快乐地成长，和谐的亲子关系也是建立在平等和相互尊重的基础之上的。因此，无论孩子对错与否，我们都应该允许孩子顶嘴。

29. 改变孩子的两句话

从女儿呱呱坠地到长大入学，她一直是我们手心里的宝，受尽了家人的宠爱和娇惯。无论大小事情，我们一概不让她沾手，以致她现在养成了懒惰的习惯。有时我们累了，或是实在忙不过来的时候，就吩咐女儿做点力所能及的事情，可是她却噘着嘴说：“不！我才不干呢。”

每当这时，我的心里就有一种难言的疼痛。我深深地意识到，曾经的溺爱不是真正的爱孩子，而是害孩子。

所幸一位儿童专家说，孩子的习惯没有完全成型之前，还能够想办法去改变。亡羊补牢，为时不晚。接下来，我就开始思量如何改变孩子的现状。

一天，学校传达室的老张打来电话，说有我的几封信和几张汇票，让我赶快去取。当时我正在炒菜，走不开，看女儿在一旁闲着，于是就亲切地对她说：“宝贝，请你给爸爸帮个忙，好吗？”

“爸爸，帮什么忙？”女儿扭过头来说。我见孩子的神色中有几分愿意的意思，就接着说：“爸爸现在没空，想请你去传达室张爷爷那儿帮爸爸拿几封信。”

“好，我这就去。”女儿毫不犹豫地答应了。

这很出乎我的预料，我原以为她又会说：“不，我才不干呢。”没想到，她竟如此爽快。

一会儿，女儿拿着几封信回来，是杂志社给我寄的样刊。我高兴地对女儿说：“宝贝，谢谢你，这些东西对爸爸很重要。”

“没事，小事一桩。”女儿学着大人的口吻说。

说来也怪，经历了这件事后，只要我对女儿说“宝贝，请你帮个忙”，女儿通常都不会拒绝我，并且还能出色地完成我交办的任务。

当然，我也会不失时机地夸奖她几句——得到我的感谢和表扬，她心里十分高兴，会更加乐意接受我的求助。

这种方法屡试不爽，即便我要女儿帮的忙她暂时做不到，但她也会很乐意地去尝试，想办法去克服。一段时间下来，我发现女儿的懒惰得到了很大的改变，她很少再对我说不了。

看到女儿步入了健康成长的大道，我心里有说不出的欣慰。

为什么同样的事，直接让孩子去做，他不会干，而绕个弯，让他帮忙，他却十分乐意呢？

原来，这两种行为的目的一样，但给孩子的感受却完全不同，所以结果也会不同。

直接命令孩子做某事，成全了家长的威严，却伤害了孩子的自尊，时间久了，自然会使孩子产生抵触情绪，比如逃避或对抗。

而帮忙则不一样，话一出口就拉近了与孩子之间的距离。因为帮忙，彼此是平等的，并且帮忙的人会带着优越感——一旦事情做成了，还会有一种成就感。

所以，无论是成人还是小孩，帮助了别人，受到了别人的感谢，那都是一件十分愉快的事情。从那以后，我总是对女儿说："请你帮个忙！""谢谢你的帮忙。"

30. 培养孩子财商，从零花钱开始

最近一段日子，每天早上，我总会听到对门邻居家孩子的哭闹声和大人的责骂声。

细听之下才知道，原来是邻居的孩子向大人要零花钱，大人不给，孩子就耍赖，又哭又闹，僵持着不去上学。而闹到最后，往往是孩子得胜，家长不得不做出让步。

一天，这位邻居在楼道口碰见我，他无奈地向我诉说，孩子的胃口越来越大，起初5毛钱就能打发，随后是1元，现在发展到每天5元——如果不给，她就不去上学。为此他伤透了脑筋，不知该如何是好。

对于孩子要零花钱，可能每一位家长都曾经历过，到底该

不该给孩子发零花钱，如何发放，发多少为宜，这的确是值得深思和探讨的问题。

国外的观点普遍认为，孩子到了上幼儿园的年龄，家长就应该主动给孩子发一定数目的零花钱，至于多少，得根据孩子在学校的需求和家庭的经济情况而定。

给孩子发零花钱，一则，可以让孩子认识到钱的价值，懂得如何消费，并在购物的过程中掌握一些基本的生活常识。比如购买自己喜欢的物品，学会讨价还价，以及计算找零等。二则，可以让孩子从小学会理财。比如，将剩余的钱存入银行或储钱罐，学会计划开支、记账与核算的意义等。

我比较赞同国外的这些观点，因此我从不反对孩子花钱。但在给孩子发放零花钱时，我不是采用“孩子要，我给”的方式，而是主动、定期、不定额地给孩子发放。

我一般选择在星期一的早上给女儿发零花钱，一周发一次，金额视孩子的年龄和需求而定。零花钱包括三部分，一部分是定额的，一部分是女儿做家务劳动后支付给她的，一部分是女儿因为表现好奖励给她的。

每周一早上，我微笑着对女儿说：“宝贝，爸爸给你发零花钱了，记着爸爸对你的奖励，你要好好学习，不要辜负爸爸对你的期望。”

女儿接过钱后十分高兴，感激地说：“谢谢爸爸！我一定会努力学习的。”然后背着书包乐呵呵地上学去了。

不仅如此，我还常常引导女儿理解钱的价值、用途和意义，让她建立正确的消费观。女儿有用不完的零花钱，我就陪她去银行开户，将剩余的钱存起来，以便日后买一些大件的东西。

同样是给钱，然而产生的结果却完全不同：邻居家的孩子因为要零花钱闹得大人小孩都不愉快，彼此都很受伤；而在我的这种零花钱制度下，我和女儿一直保持着和谐的亲子关系。

31. 惩罚先别急，倾听胜万金

有天中午，女儿放学回家，我打开门，见她浑身是泥——那是早上才给她换的新衣服，半天不到就弄成这样了。顿时，一股莫名的怒火在我的心中升腾起来，我打算好好地教训她一通，让她记住：以后要爱干净。

但看着女儿怯生生、可怜巴巴的样子，我的心有些软了，强压着心中的怒火，轻声地问："这是怎么回事？"

女儿说："出校门时，不小心摔在了地上。"

"那有没有摔着？痛不痛？"我关切地问。

女儿难过地摇摇头说："刚才摔在地上的时候有一点痛，但现在不痛了。"

"那你当时有没有哭呢？"我问。

女儿说："我当时想哭，但我忍着没哭。"

"女儿真勇敢！"我竖起大拇指夸赞道。

"那你摔在地上的时候，有没有同学过来扶你呢？"我继续问女儿。

女儿说："有同学来拉我，但我怕弄脏了她的衣服，所以我是自己爬起来的。"

"哇！女儿真棒，跌倒了还能自己爬起来。"我有些夸张地大声说。

事情的起因、经过基本上都弄清了，于是我微笑着对女儿说："那你下次小心点，别再摔着，不然爸爸会担心的。"

女儿见我不但没有责备她，反而夸奖她，紧张的情绪顿时松弛下来，露出了开心的笑容。

刚吃完饭，女儿的两个同学来叫她。一见面，她们就关切地问我："叔叔，你有没有打她？"

我好奇地反问："我为什么要打她呀？"

其中一个孩子说："因为她弄脏了衣服呀。我昨天也摔了一跤，把衣服弄脏了，被妈妈狠狠地揍了一顿，到现在我的屁股还疼呢！"

"呵呵！"我笑着说，"那有什么呀，你们又不是故意的，衣服洗干净就行了。记得以后小心点，别伤着自己。"

听了我的回答，两个孩子都投来羡慕的目光。可以想象，只要她们犯了什么错误，家长一定会不问青红皂白，先责罚了再说。

我很庆幸刚才没有对女儿发火，不然女儿不知道会有多委屈、多难过。本来她摔了一跤，心里就很难受，需要我的安慰，如果我再骂她或打她，那无异于给她幼小的心灵雪上加霜。

通过这件小事，我发现孩子的自尊心，很容易被家长尖刻的、粗暴的、不信任的态度所伤害。

教育孩子，我们应该像陶行知先生说的那样：多一些宽容，少一些责骂。

宽容是一种美好的情感，教育需要宽容，更需要给宽容一个生存的空间，让宽容“复活”。

俗语说，过犹不及。往往对孩子制约得越多，束缚就会越紧，这样反而不利于孩子的成长。

32. 孩子的这些习惯不能靠老师培养

现在，不少家长把对孩子的一切希望都寄托在老师身上，以为只要把孩子交到学校就万事大吉了。

事实上，老师不是万能的，他们的主要职责是传授知识，更何况一个班上有很多学生，老师不可能顾及到每一个人，所以孩子的很多习惯还得靠父母培养。

这主要表现在以下几方面：

一、生活习惯不能靠老师

虽说孩子在学校待的时间比较长，但老师能掌握的大多是孩子的学习情况。在义务教育阶段，中小学生几乎都不住校，大多数都回家吃饭，所以对于孩子生活方面的表现，老师知之甚少，更谈不上教育和培养。

另外，一个人的生活习惯一般在很小的时候就形成了，并且很多都是受了父母的影响而形成的。生活习惯看似是一个小问题，但对孩子的成长极为重要。比如按时吃饭、不挑食、早睡早起、讲卫生、爱运动等。

当然，要培养孩子良好的生活习惯，父母要起到表率作用，如果家长是夜猫子，孩子也可能会成为夜猫子——潜移默化的力量是非常大的。比如，孩子上课打瞌睡，其实就是睡眠不足造成的，归根结底，还是不良的生活习惯造成的。

二、阅读习惯不能靠老师

英国诗人约翰·弥尔顿说：“优秀的书籍是抚育杰出人才的珍贵乳汁，它作为人类财富保存下来，并为人类生活的进一步发展服务。”

阅读是一个孩子成长的阶梯，也是成才的保证，会对孩子将来的人生产生不小的影响。

犹太人在这方面就做得非常好，比如当孩子开始识字时，父母就将蜂蜜涂抹在《圣经》上，并让孩子去舔食，以此让孩子明白读书是一件甜蜜的事情。

好的阅读习惯都是培养出来的。首先，家长要养成读书的好习惯，最好每天都抽一定的时间陪孩子阅读，并在家中收藏一些适合孩子阅读的书籍。其次，良好的学习氛围往往能够激发起孩子的阅读兴趣，要多带孩子去图书馆和书店，使孩子从小爱上读书。

三、乐观的心态不能靠老师

成功学家拿破仑·希尔说："人与人之间只有很小的差异，但是这种很小的差异往往造成了巨大的差异。很小的差异就是所具备的心态是积极的还是消极的，巨大的差异就是成功和失败。"

在现实生活中，失败者总是看到事物消极、不利的一面，而成功者总是会看到事物积极、有利的一面。作为父母，要从小培养孩子乐观向上的心态，让他们笑对生活、笑对苦难，遇事不急躁、不畏惧、不退缩，始终对未来充满信心和希望。

四、爱心教育不能靠老师

父母是孩子的第一任教师，也是孩子爱心的播种者，对孩子人格的形成起着至关重要的作用。

因此，父母在给予孩子爱的同时，一定要引导孩子理解父母背后的艰辛与不易，激发孩子的感恩之情，促使孩子由"被爱"转向"施爱"，形成孝敬父母、关爱他人的良好人格。

第3章 成才篇

其实，每个孩子都有很强的观察力、想象力和创造力，只是，有时我们因为过分迷信自己的生活经验，会对孩子横加劝阻，结果管得越多，限制得越多，孩子的能力反而越低下。

如果父母都能尊重孩子的天性，合理地引导孩子的兴趣，并给孩子预留一定的空间，我不敢保证每个孩子都能成为像牛顿和爱因斯坦那样伟大的人，但至少他们会成为一个独一无二的人，一个能适应社会、改造世界的人。

1. 家庭作业，想说爱你也容易

如今，不少孩子一回到家里就唉声叹气，究其原因，是由于作业太多，没有休息和玩耍的时间。尤其当父母在一旁不停地催促时，孩子更会烦不胜烦。

有一位学者曾采访、调查了上千名儿童，他惊奇地发现，竟然有将近七成的孩子讨厌做家庭作业。这是一个让人震惊的数据，为什么有如此多的孩子对家庭作业不“感冒”呢？是老师布置的作业太多、太难了吗？

其实不然，我察看过一些小学生的家庭作业，数量并不算多，只要认真去做，一般半个小时左右就能完成。所以，造成孩子讨厌家庭作业的真正原因不在学校，而在家庭。

先看电视，还是先做作业？孩子说，先看电视。父母说，先做作业。

在父母的威权面前，孩子往往没有选择的权利，他们只能默默地接受。不过，孩子心里并不服气，所以导致他们完成作业的效率非常低下，通常10分钟能完成的事情，往往需要20分钟，甚至更长时间，并且会错误百出。

这就造成了一个恶性循环：家长越是不让孩子看电视，孩子就越是惦记电视；越是惦记电视，作业就完成得越差；作业完成得越差，父母就越是不让孩子看电视，越给孩子安排更多的学习任务。

其实，正确的做法应该是给孩子制定规矩，双方约定什么时候该看电视、什么时候该写作业。

完成老师布置的作业，还要完成家长安排的作业，孩子当然不堪重负。一些家长喜欢搞题海战术，他们以为，只要让孩子多看书、多练习，就能提高学习成绩。事实上，学习成绩不是简单的时间叠加、多做几套习题就能提高的。

孩子的成绩不好，不喜欢写家庭作业，归根结底，还是对学习不感兴趣，这是问题的根源。

家长要结合孩子的实际情况，因地制宜，对症下药。强行给孩子添加学习任务，不仅对孩子的学习没有帮助，反而会让孩子产生厌学情绪。

俗话说，兴趣是最好的老师。要让孩子爱上学习，爱上写作业，最好的办法就是激发他们的兴趣，让他们在学习中找到成就感，找到实现自我价值的归属感。

对孩子期望过高，不允许孩子出错，这是一些家长常有的心态，所以他们一看到孩子的作业出了错，就火冒三丈，不分青红皂白，对孩子一顿怒骂。

粗心马虎是孩子常有的事，家长不必大惊小怪，随着年龄的增长，这种现象会逐渐消失。一味地斥责孩子，不但收不到良好的效果，还会打击孩子的积极性，挫伤孩子的自信心。

通常情况下，孩子的注意力只能维持半个小时左右，超出这个时间，他们就会感到疲劳，精神涣散，致使学习效率低下。所以，家长不应搞疲劳战术，而是合理安排作息时间。

细心的家长一定还会发现，许多孩子喜欢一边写作业一边玩耍。实际上，这不是他们不专心，而是调节状态的一种方式。

因此，家长要充分考虑孩子的这个特点，一旦学习时间超过半个小时，就要提醒他们休息一会儿，最好将作业分成几个时间段去完成。

2. 善待孩子的每一个“为什么”

不知从什么时候起，女儿开始不断地向我提出一个又一个的“为什么”。

比如，有一天傍晚，我带女儿出去散步，看见天上的月亮，她突然好奇地问我：“爸爸，为什么我走，月亮也跟着我走呢？为什么有的树长得很直，而有的树长得很弯？”

还有一次，女儿摸着我下巴上的胡须，不解地问：“爸爸，为什么你的下巴上有胡须，而我的下巴上没有呢？为什么我可以穿裙子，而你不能穿呢？”

甚至，有一回女儿看见一只飞翔的小鸟，充满幻想般地问我：“爸爸，为什么小鸟身上有翅膀，我的身上没有呢？为什么我们不造一个长梯子爬到月亮上去呢？”

对于女儿这些稀奇古怪、没完没了的问题，刚开始我还能耐心、细致地回答，但渐渐地我就有些烦了，因为有不少问题连我自己也不知道该如何跟孩子解释。

于是，女儿再提问题纠缠我时，我要么会胡编乱造，敷衍了事；要么会转移话题，置之不理；要么会说“爸爸现在有事，待会儿再给你讲”；要么会厉声斥责，加以阻止！

在我一次又一次的拒绝下，女儿明显减少提问题了，我不禁暗自庆幸，耳根终于可以清净一下了。

一个周末的晚上，我无意中读到俄国著名教育家苏霍姆林斯基的一本著作，其中有一段这样说：随着儿童语言和智力的发展，孩子的思维活动会日趋活跃。在孩子的眼里，身边一切不熟悉的事物都是神秘的、奇怪的、新鲜的。为了弄明白这些事物，孩子就会不断地问“为什么”，并把希望寄托在“无所不知”“无所不能”的父母身上。

孩子喜欢问“为什么”，正是强烈的求知欲和探索欲的表现，他们的任何一个问题都闪耀着智慧的光芒。因此，父母应该认真地对待孩子提出的每一个问题，并设法给予正确的回答。

原来，女儿喜欢问“为什么”并非无理取闹，而是求知欲和探索欲的表现。从那以后，我调整了自己的心态，不再厌烦孩子的提问，也不再随意应付孩子提出的问题了。

比如，有一次，女儿问我她是从哪儿来的。我很认真地告诉她："你是妈妈经过十月怀胎生下来的。"孩子听后又不解地问："那我是怎么钻进妈妈肚子里的呢？"

为了让孩子弄明白这个问题，我特意从网上下载了一段小生命形成到分娩的视频给她看。

对于有些我也不知道的问题，我会老老实实地告诉女儿：这个问题爸爸暂时回答不了，要等查阅一些书籍后才能明白。

我常常鼓励女儿和我一起寻找答案，体验那种小小的成就给我们带来的快乐。有时，孩子没有问题可提时，我就会主动制造一些机会，吸引孩子发问。

就这样，女儿成了一个"问题"儿童，整天追着我问东问西。我乐此不疲，因为与女儿一同成长，虽然很累，但也十分开心。

3. 好习惯要从小培养

俗话说："三岁看大，七岁看老。"意思是说，从孩子小时候的行为表现，就能预见他未来是什么样子。

这句话虽然有一点夸张，但却向我们揭示了一个育儿道理，即：从小培养孩子的好习惯、好性格、好品德。

意大利著名教育家蒙台梭利说："人生的头 3 年胜过以后发展的各个阶段，胜过 3 岁直到死亡的总和。"

幼儿时期是孩子身心发展的重要阶段，也是一个人性格形成和习惯养成的重要阶段，它对孩子未来的发展有着不可估量的作用。

虽然 3 岁以前，孩子的个性还处于雏形，但它会直接或间接地影响到将来的事业、婚姻、家庭和人际关系等诸多方面。因此，家长千万不要忽略这一阶段，一旦发现孩子有不妥的行为，一定要加以制止，并引导孩子朝着正确的方向前进。

有一位教授曾做过一个实验：他将一只跳蚤放进一个容器里，容器的高度刚好为跳蚤能够达到的位置。为了防止跳蚤从容器里跳出来，教授特地在容器上面盖了一块玻璃。

第一天，跳蚤表现得十分活跃，它一次又一次地撞击着玻璃，大有不达目的誓不罢休之势。可是，它的力量实在太单薄了，无论怎么努力，始终无法冲破玻璃的阻挡。

尽管如此，跳蚤还是没有放弃，每隔一段时间，它就会发起一阵猛烈的攻击。

过了几天，教授再去观察，发现跳蚤上跳的频率明显减少，没了先前的冲劲和锐气，变得有些懒惰和绝望了。

又过了几天，教授再去观察，发现跳蚤几乎丧失了斗志，只是在容器底部跳来跳去……

就这样，过了几个月，教授惊奇地发现跳蚤已不再做任何努力，它终日得过且过地待在容器底部。

随后，教授将容器上方的玻璃抽掉，他以为跳蚤会一下子蹦出来，但出乎意料的是，跳蚤没有任何反应，它已经完全习惯了现有的生活。

紧接着，教授又将另一只跳蚤放进一个容器里，容器的高度略微超过跳蚤上跳的极限，并且上面没有加盖玻璃。

经过一段时间的观察，教授发现，跳蚤每天都会习惯性地往上跳，虽然每次上跳它都无法超越容器的高度，但它仍然乐此不疲，把这当作每天的必修课。

半个月后的一天，奇迹发生了：跳蚤逃离了容器，重新获得了自由。见此，教授不禁发出一声感叹：“习惯的力量是多么可怕呀！”

教育孩子也是这样，习惯的养成并非一朝一夕，而是长期培养的结果。

父母作为孩子的第一任老师，一定要给予孩子正确的引导，积极地培养孩子的生活目标、价值观、阅读兴趣、人际关系、对挫折的承受能力等。

其实，优秀就是一种良好的习惯，难怪古希腊哲学家柏拉图说：“人是习惯的奴隶。”可以说，一个人的习惯决定了他未来的发展：好的习惯成就人生，而坏的习惯则毁灭人生。

4. 教育孩子请将“你不要”换成“你能行”

你不要靠近那只小狗，它会咬你的；你不要碰那个插头，它会电到你的；你不要跨过那条沟，太危险了；你不要和陌生人说话，没准他们会把你拐卖的；你不要……

如果还原家长对孩子说过的话，你会惊讶地发现，“你不要”“你不行”所占的比例远远超过了“你要”“你能行”。

为什么会出现这种情况呢？

我想，主要是家长的护犊心理在作祟。在父母的眼里，孩子十分弱小，方方面面都让人担心，出于对孩子的保护，他们总是会不由自主地替孩子完成一些事情，或是阻止孩子做一些“危险”的事情。

其实，爱孩子和保护孩子的最好方法不是将他们包裹起来，而是教给他们常用的知识，使他们具备独立应对现实生活的能力，所谓“授人以鱼，不如授之以渔”。

当孩子能够分辨狗的品种时，他们就会远离恶狗，亲近宠物狗；当孩子懂得用电常识后，他们就不会去碰插头了……阻止只会关闭孩子成长的大门，而引导和鼓励才是正道。

有这样一个故事：一群候鸟准备从北方飞到南方去过冬，途中，一对好心的夫妇见它们可怜，便将家中剩余的粮食拿来喂它们。吃饱喝足后，一些候鸟没有选择继续南飞，而是停了下来，想就在此过冬。

好心的夫妇害怕候鸟冻着，又腾出一间空屋，在里面堆了厚厚的一层枯草。

就这样，这群候鸟安全地度过了冬天，并从中尝到了甜头。从那以后，每年冬天，它们都会来这对好心夫妇的家里过冬，而夫妇俩也异常热心，供吃、供喝、供住，从不间断。

多年后，这对夫妇去世了。

候鸟们失去了食物供给，也失去了基本的过冬能力，于是那个冬天成了候鸟们的噩梦，它们不是被冻死了，就是被饿死了，景况十分凄惨。

教育孩子也是这样，当爱泛滥，或失去为人处世的原则时，它就会变成一把扼杀孩子的利剑。因为你越是努力地保护孩子，反而越是会让孩子失去锻炼机会，丧失独立生存的能力，最终家长只会培养出什么也不会做、不敢做的“熊孩子”。

父母都应该清醒地认识到，我们能够保护孩子一时，但不能保护他们一世——父母终有一天会老去，会退出历史舞台，到那时，孩子的一切都只能靠他们自己。

因此，在家庭教育中，我们最好少说“你不要”“你不行”“让我来”这样的话，而要多鼓励孩子直面人生，大胆尝试，因为每个孩子都蕴藏着巨大的潜能。

父母千万不要小看孩子，要相信他们能做好每一件事，并将这种积极的心态传递给他们，让他们从中受到鼓舞，从而建立起战胜任何困难的自信。

5. 教育孩子要掌握好“火候”

在烹调菜肴时，大厨经常会提到一个词：火候。

所谓“火候”，就是在烹饪菜肴的过程中，所用火力的大小和时间的长短。一方面要从燃烧的烈度，判断火力大小；另一方面，要根据食材的性质，掌握出锅的时间——二者统一，才能烹饪出美味可口的佳肴来。

教育孩子也是如此。如果掌握好了“火候”，就会取得事半功倍的效果，打造出独具特色的“精品”；如果没有掌握好“火候”，就会徒劳无功，打造出口感不佳的“次品”。

大抵来说，教育孩子需要注意两个方面，一是把握好教育的时间和时机，二是要把握好教育的力度和深度。

先来谈谈教育的最佳时间和时机。

儿童期是一个人性格形成的重要时期，也是一个人智力发育的重要时期，无论是性格还是智力，一经形成，就很难改变。

3岁前是大脑发育的高峰期，据相关资料显示，儿童的脑细胞组织发育，在3岁之前基本上会完成60%。这一时期的儿童脑部具有很强的吸收能力，如果开发得当，孩子就会在以后的学习和生活中发挥出超强的能力。

另外，3岁之前也是儿童的感觉、记忆、思维和身高发展的关键时期，一旦错过了这一时期，以后你就要花数倍的时间和精力去弥补。而有的东西甚至根本无法弥补，会成为永远的缺陷。

因此，在儿童期一定要注意培养孩子各方面的良好习惯。所谓“习惯决定性格，性格决定命运”，实际上，人与人之间的差距，很大程度上就决定于优良的习惯。

当然，教育孩子的最佳时机，就是孩子对某样事物感兴趣时。孩子有了兴趣，才会乐于学习，乐于探索，乐于创新。

一般而言，孩子在小时候都会表现出某方面的兴趣，或音乐，或美术，或舞蹈，家长要做的，就是及时发现孩子的这些兴趣，并鼓励孩子一直坚持下去。

再来谈谈教育的力度和深度。

有的家长只知道一味地使用旺火、猛火，却不知道每个孩子都有各自不同的特点，观察能力、接受能力和学习能力都不尽相同——就像有的菜一入锅就熟了，而有的菜则需要反复翻炒。菜的老嫩不同、软硬不同，也就决定了烹饪的时间和火力的大小都不一样。

因此，家长一定要结合孩子的实际情况和自身的特点，因材施教，调整好火力的大小，该用大火时就用大火，该用中火时就用中火，该用小火时就用小火，切不可操之过急、用力过猛——否则菜肴煳了，就失去它应有的味道了。

6. 把孩子的成长当作一辈子的事业

每次考试结束，家长问得最多的可能就是：“考了多少分？排在第几名？”要是孩子说考了 100 分，家长立即眉开眼笑，给孩子买这买那；但如果孩子说考了 80 分，或者更低，那迎接他的将是一场暴风骤雨。

现在，分数成了一些家长衡量孩子是否优秀的唯一标准，并且随时影响着一家人的情绪。能有一个成绩优异的孩子固然可喜，但有一个“差劲”的孩子也不要泄气，因为他同样是上天最好的赠礼。

做父母不容易，做差生的父母更不容易，但再不容易你也得坚持下去，因为你没有选择的余地，只能坦然地面对一切，把孩子的成长当作一辈子的事业。

首先，家长必须接受孩子的个体特点

我们不得不承认，孩子与孩子之间是有差异的，有的孩子十分聪明，不管学什么都能举一反三，很快就能弄明白；而有的孩子则比较“愚钝”，需要反复为其讲授方能掌握。

具体表现为一个班上——单说考试，有的孩子老是考前几名，有的孩子老是考倒数几名，而有的孩子无论怎么努力，总是处于中间位置。

这便是个体差异，家长一定要区别对待，为孩子制定合理的学习目标。

其实，每个孩子都是独一无二的，他在学习方面不行，并不代表在其他方面不行。比如，有的孩子学习成绩差，但他的交际能力很强，或者很有艺术天赋。上天往往是公平的，他在一方面亏待了你，就会在其他方面补偿你。

人有所长，必有所短；相反，人有所短，也必有所长。所谓“骏马能历险，犁田不如牛；坚车能载重，渡河不如舟”，家长要看到孩子的长处，不要总是将目光放在孩子的短处，否则你将越来越失望，并最终将孩子推向黑暗的深渊。

其次，分数决定不了孩子的未来

家长必须清醒地认识到，孩子的学习成绩不好并不意味着他们将来没有前途，历史上很多有作为的人就证明了这一点。

比如，大家所熟知的爱因斯坦，他就是出了名的差生，教他希腊文和拉丁文的老师曾当着全班同学的面侮辱他说：“爱因斯坦，你长大后肯定不会有任何作为。”而事实上，爱因斯坦取得的成就超过了他们班上的任何一个同学。

由此可见，一个人的学习成绩代表不了什么，也说明不了什么问题，家长不要以分数论英雄，而应该看到孩子点点滴滴的进步，并给予他们理解和支持。

再次，家长要摆正心态，不要盲目地与人攀比

要是孩子考了70分，你就鼓励他下次考80分；要是孩子考了倒数第一名，你就鼓励他下次考倒数第二名。

有的家长总是不切实际地要求孩子考第一名，或每一门学科都考100分。孩子疲于奔命，却怎么也不能遂父母的愿，久而久之，他们就会弃学，甚至辍学。平心而论，孩子也希望考100分、考第一名，如果考差了，他们比谁都难受。

教育孩子是一项长期工程，无论孩子现在多么“差劲”，你都不能对他失去信心，因为你的信心正是孩子前进的动力、力量的源泉和成功的保证。

7. 别拿孩子与别人比较

许多家长都有一个不好的习惯，喜欢拿自己的孩子与别人的孩子比较，诸如：你看王叔叔家的孩子多优秀啊，每次都考年级第一名，你要是有他一半的努力，我就心满意足了；你瞧陈阿姨家的孩子多乖呀，这么小就能帮妈妈分担家务了——再瞧瞧你，除了贪玩好耍，什么也不会做……

为什么家长喜欢拿自己的孩子与别人的孩子比较呢？其实原因很简单，家长希望通过比较，让孩子认识到自身的不足，从而奋发向上、奋起直追，成为与别人的孩子一样优秀的人。

家长这样做的出发点是好的，但对孩子的伤害却是巨大的。如果父母总是在孩子面前夸赞别人，会让孩子误认为爸爸妈妈喜欢别人家的孩子，而不喜欢自己。

由于孩子的心智尚不成熟，无法理解父母内心的真实想法，只会通过父母外在的语言和表情，来判断父母是否爱自己、关心自己。当孩子觉得父母不爱自己时，内心就会十分惶恐，长此以往，必然会造成孩子严重缺乏安全感，让他变得越来越焦虑、越来越无助，甚至产生被遗弃感。

另外，与别人比较，还容易伤孩子的自尊心。

通常情况下，父母是拿孩子的缺点与别人的优点比，这样比下来，别人的孩子完美到了极点，而自己的孩子差到了极点。所以，父母难免会表现出失望的情绪，甚至会批评和指责孩子。

所谓“人活一张脸，树活一层皮”，每个人都是好面子的，每个人都是有自尊心的，孩子也不例外。

父母夸赞别人，贬低孩子，无异于拿别人的优点来羞辱孩子。结果，父母不但没有激起孩子的上进心，反而让孩子愈加自卑了——父母是孩子最亲的人，也是最信任的人，如果父母都觉得他们不行，他们会认为自己真的不行。

鉴于此，父母应该这样做：

首先，父母要摆正自己的心态

所谓“金无足赤，人无完人”，所以，我们既要能看到孩子的不足，也要能看到他的长处。每个人都有自己的优点，但也无一例外地都有缺点。父母不能忽略孩子的优点，更不能将孩子的缺点扩大化。

其实，父母完全可以这样告诉孩子：我们学习别人的优点，是为了让自己变得更优秀、更强大——因为一个优点加一个优点，不就等于两个优点了吗？虽然现在你很棒，但在有些方面仍需要向别人学习。

其次，父母要接受孩子的个体差异

的确，人与人之间是有差别的，有的孩子发育快，而有的发育慢；有的孩子学习能力强，而有的学习能力弱；有的孩子顽皮好动，而有的乖巧文静；有的孩子能说会道，而有的沉默寡言；有的孩子有较强的乐感，而有的孩子天生五音不全……

父母要尊重这种差异，并结合孩子自身的特点，给予合理的引导，千万别拔苗助长，或在孩子的伤口上撒盐。

再次，父母要有足够的信心和耐心

每个孩子都像一朵花，有的花开得早，有的开得晚；有的花呈红色，有的呈黄色，有的呈白色……

但只要是一朵花，它就会有开放的时候，只是时间的早晚而已。因此，父母要做的就是适当地修枝和施肥，然后静等花开。

8. 教育孩子不妨多用暗示

通常情况下，家长在教育孩子时，多采用简单直白的方式，会直接告诉孩子哪些事情不能做、哪些事情做得不对或不好，即：批评和说教。

事实上，这种教育效果并不理想，批评太多、说教太多，不仅对孩子的成长无益，还会产生许多副作用，会激起孩子本能的反抗，甚至造成孩子叛逆、厌学。

其实，暗示不失为一种良好的家庭教育。换句话说，越让孩子不要感受到教育者的意图，教育效果就越好。

这便是所谓的“暗示教育”。暗示教育是相对直接教育而言的，即：通过语言、动作、表情和眼神等方式，启发、鼓励或制止孩子的某些行为，让孩子从中受到教育。

暗示教育主要有以下几种方式：

一是语言暗示

语言暗示不同于说教，它是通过采取迂回的办法，使孩子在不知不觉中向家长的意愿靠拢的一种方式。

以前，女儿不太喜欢招呼人。有一次，家里来了客人，我故意对女儿说："有礼貌的孩子才是好孩子，阿姨最喜欢这样的孩子了，说不定还会给你糖吃哟！"

我话音刚落，女儿便凑上前，亲热地叫了一声"阿姨好"，还主动将手中的电视遥控器交给了客人。

二是动作暗示

有一天，我去医院看望一位病人，女儿在病房里上蹿下跳，大声喧哗，严重影响了病人的休息。碍于旁人在场，不便呵斥孩子，我只得竖起一根手指，对女儿做了一个"嘘"的动作。

果然，女儿心领神会，一下子安静了下来。

三是行为暗示

女儿从小就喜欢剪纸，但她有一个不好的习惯，就是将纸屑弄得满地都是。

有一次，女儿剪完纸后，地上又是一片狼藉。

见此，我没有直接批评她，而是一声不吭地将那些纸屑捡起后扔到了垃圾桶里。女儿见状，也红着脸过来帮忙。等全部收拾完毕，我不由自主感叹道："地上没有垃圾真干净啊！"

四是眼神暗示

女儿趴在茶几上写作业，写着写着，她就停了下来，开始摆弄起身边的玩具。我没有吱声，而是用严厉的眼神盯着她，她发现后，赶紧放下玩具，认真地做起作业来。

眼神是一种无声语言，它能表达各种各样的情感，对规范孩子的行为有着不可估量的作用。此外，还可以用眼神向孩子表达赞赏、关爱、理解等内容。

五是表情暗示

人的表情丰富多彩，同样可以传达出多种信息，比如喜怒哀乐、肯定否定等。值得一提的是，家长要多向孩子传达积极的暗示，不向孩子传达或少向孩子传达负面的暗示——常对孩子微笑，少用冷淡的表情。

原来，教育需要做到“雁过无痕”“润物无声”，让孩子在无形中接受教育，那样才能无声胜有声，达到最理想的教育效果。

9. 教育孩子重在体验

在我们高呼“知识就是力量”的今天，不少家长把孩子的考试成绩当作家庭教育的“指挥棒”。

君不见，孩子尚在襁褓之中，家长就忙着给他灌输各种知识；孩子刚刚上幼儿园，家长就开始给他报各类辅导班。

家长一厢情愿地认为，知识能让孩子变得强大，能改变孩子的未来，于是逼着孩子死读书、读死书。

诚然，知识是人类进步的阶梯，但并不意味着掌握了知识就能拥有一切。况且，违背了孩子的意愿，违反了孩子成长的自然规律，其结果往往会适得其反。

实际上，对于儿童来说，学到什么东西并不重要，重要的是体验——从玩耍中体验快乐，从音乐、舞蹈和绘画中体验艺术的魅力，从交流中体验爱的温暖……

通过对外界的体验，常常能激发孩子丰富的想象力，使他们固有的灵性得以升华、原始的诗情得以生长、潜在的悟性得以唤醒，从而找到学习和思考的最好方法。

体验是用自己的生命来验证事实、感悟生命，以此来留下印象。在生命历程中，我们能体验到大自然的博大、家人的关怀、成功的快乐、离别的痛苦、拥有的幸福、失去的懊恼……

随着时光的流逝，我们亲身体验的东西会越来越多、越来越丰富，这对一个人的成长十分重要。正如著名家庭教育专家卢勤所说：“生活的空间越来越大，生长的空间越来越小；住房的面积越来越大，心灵的容积越来越小；学习的压力越来越大，学习的动力越来越小。”

没错，是家长过多的干预，剥夺了孩子体验的机会，压抑了孩子的个性自由，使孩子的成长空间越来越狭小。

俗话说，“听不如看，看不如干”，许多生活经验都是通过体验获得的。如果你让城市的孩子描述农作物的生长，他们肯定模棱两可，说不出个所以然；如果你让农村的孩子描述游乐场的设施，他们肯定瞠目结舌，无从说起。

这并不奇怪，他们只是对于暂时还没有体验过的生活不熟悉罢了。

古人说，读万卷书，行万里路。一个人的体验越多，心胸越开阔；知识越丰富，才干越出众。

对于孩子来说，许多事情都需要他们亲自去体验，就像品尝美食一样，别人说了不算，只有亲自吃过之后才会知道自己喜不喜欢。

同样地，孩子的成长也是不可替代的，大人的生活经验也许并不适合孩子，有些路只有他自己走过才会明白。

俗话说得好，吃一堑，长一智。即便孩子在体验的过程中出现磕磕碰碰，甚至撞得头破血流，那也是成长必须付出的代价。

作为父母，我们不要忙着给孩子灌输知识，而应先培养他们的习惯和兴趣，多给他们锻炼的机会。常带孩子去乡间漫步，去森林探险，聆听花开的声音，共赏落日的静美……

10. 教育孩子要把握好时机

常有家长向我倾诉，说他们付出了大量心血，但始终不见孩子有所进步，有的甚至变得越来越叛逆，根本不把家长的话当回事。

为什么会出现这种情况呢？我认为，主要是家长没有选对教育的时机。

首先，要及时发现，及时教育

可能很多家长没有注意到，孩子的坏习惯大多是从第一次不良行为开始的，由于家长没有及时制止，他们误以为这样做是合情合理的，于是在错误的道路上越走越远。

孩子小的时候，一般都没有是非观念，他们不知道随便拿别人的东西是“偷盗”，也不知道大吵大闹会影响别人的工作和休息，更不知道乱扔垃圾是破坏环境的行为……

每每出现这种情况时，家长都要及时处理，将事情扼杀在萌芽状态。

其次，在孩子有重大过失的时候

孩子犯了严重错误时，一般都有一种负罪感和内疚感，往往更容易接受别人的批评和意见。如果这时家长抓住机会，对其进行耐心、细致的教育，一定会收到意想不到的效果。

第三，在孩子遇到挫折的时候

当孩子遇到挫折时，最容易出现灰心丧气、痛苦绝望的负面情绪，这时家长横加指责，一定会让孩子雪上加霜。

但如果家长表示理解，给予孩子安慰和激励，并肯定他付出的努力，相信大多数孩子都会重拾信心，朝着自己的目标坚定不移地走下去。

第四，在孩子对某事感兴趣的时候

大量事实证明，不少科学家、艺术家都是因为儿时的兴趣而成就了事业。爱迪生就是典型代表。

兴趣是最好的老师。

在孩子小的时候，他们常常会对某样事物产生浓厚的兴趣，这时，家长一定要抓住时机，激励孩子坚持下去。

值得一提的是，家长千万不要在以下这几个时间点教育孩子：

一是清晨的时候

都说“一年之计在于春，一日之计在于晨”。早上发生的事情会影响一个人一天的心情，因此，最好不要在清早起床后教子。

二是吃饭的时候

别在吃饭的时候教育孩子，这会影响孩子的食欲，不利于孩子的身体健康。

三是情绪失控的时候

无论是父母情绪失控，还是孩子情绪失控，这时教育孩子，都会失去教育应有的意义，并且常常会演变成一场激烈的争吵。

四是睡觉的时候

不要在睡觉的时候教育孩子，因为这会影响孩子的睡眠，造成他们第二天没有精神，继而导致学习能力下降。

教育孩子除了具备基本常识外，还需要把握好时机，只要大家做到以上几点，就会取得事半功倍的效果。

11. 别折断孩子想象的翅膀

周末，女儿坐在沙发上看彩图版《白雪公主》，猛一抬头间，她发现鱼缸中的金鱼正望着她的书。于是，她突发奇想地说：“爸爸，快来瞧，金鱼也喜欢看书。”

当时我正忙着准备一篇发言稿，没时间搭理她，便随口答道：“鱼怎么会看书呢？不会是你眼花了吧？”

“爸爸，不信你来看嘛，金鱼盯着我的书一动不动，它肯定也想看童话故事。”女儿有些焦急地说。

没办法，我只好放下手中的活儿，来到鱼缸边。只见那条金鱼悬浮在水中，正对着女儿，一副专心看书的模样。

我知道这仅仅是一个巧合，并不是鱼喜欢看书。我本来想把真实情况告诉女儿，但看到她那双充满幻想的眼睛，我赶紧止住了到嘴边的话。

或许，在女儿幼小的心灵里，这是一个美好的场景，我怎能残忍地将它打破呢？

于是，我肯定地点点头说：“金鱼的确喜欢看书，而且还想和你成为朋友呢！”

“是吗？金鱼想和我做朋友？”女儿听后非常高兴。

“是的，但你得天天陪它读书。你想，你喜欢看书，它也喜欢看书，天长日久，你们不就成为好朋友了吗？”

女儿似懂非懂地点点头。

从引导女儿的这个小插曲中，我一下子明白了：为什么孩子年龄越大，想象力越差，看来原因就出在这里。其实，每个孩子小时候都是天才，都具有特别丰富的想象力，只是在后来的成长过程中，被家长或老师在无形中扼杀了。

记得，曾经有一位母亲给孩子出了一道题：1 + 1 =？

母亲满以为孩子会写上 2，哪知孩子竟在等号后面写了一个“王”字。这位母亲非常生气，狠狠地给了孩子一个耳光，还抛下一句话：你比猪还笨。

有一个孩子看到一片树叶从空中飘下来，他高兴地说：“树叶回家睡觉了。”而在一旁的妈妈则说：“不对，树叶不会睡觉，而是枯萎了。”

还有一所学校出了一道考题，题目是：雪化了是什么？有一个学生回答说：是春天。而这个充满创意的回答，却被老师打了一个叉。

这不禁让我想起美国著名宇航员阿姆斯特朗小时候的一个故事：有一次，阿姆斯特朗在院子里玩耍，他弄出的巨大声音惊动了屋子里的妈妈。妈妈走出来问道：“你在干什么呀，又蹦又跳的。”

阿姆斯特朗激动地说：“我要跳到月球上去。”

面对一脸天真的阿姆斯特朗，妈妈没有责备他，而是颇具幽默地说："好啊，但你千万不要忘了回来。"

爱因斯坦说："想象力远比知识更重要。因为知识是有限的，而想象力概括着世界上的一切，推动着进步，并且是知识进化的源泉。"

人类梦想拥有翅膀，于是发明了飞机；人们渴望拥有千里眼、顺风耳，于是发明了望远镜和电话；人们幻想能像鱼儿一样在水里自由游弋，于是发明了潜水装备和潜艇……

无数的事实证明，科学的发明和社会的进步，都离不开人们的奇思妙想。

因此，对于孩子奇特的想象，家长千万不要泼冷水，更不要横加指责，而要像阿姆斯特朗的母亲那样，支持孩子，鼓励孩子，让他们用实际行动去追逐自己心中的梦想。

12. 如何培养孩子的交际能力

荀子说："人之生也，不能无群。"从中我们可以看出，人需要与他人交往，并建立起和谐的人际关系。这不仅有利于孩子的成长，更有利于他们将来事业的成功。

不少学者认为，孩子成年后的人际状况，往往与儿童期的交际能力密切相关。换句话说，儿童期的交际能力越强，长大后人际关系越好。

既然交际能力对一个人的生活和发展如此重要，那么，该从哪些方面入手，着力培养孩子的交际能力呢？

一、带孩子走出家门

现在，许多孩子都是独生子女，没有兄弟姐妹，缺少玩伴，并且很多家庭深居高楼，与人接触的机会非常少。在这种情况下，父母要尽量创造机会，了解周围的邻居有无小孩子，若有的话，可邀请他们来家里玩。

另外，还应该经常带孩子到户外游玩。公园、小区花园和休闲广场都是不错的去处，那里通常会有孩子在玩耍，家长可鼓励孩子与他们交朋友。

如果孩子缺乏自信，家长可以适当帮助孩子，比如给孩子买一些玩具，让他与别人分享，或是营造氛围，让孩子表现他擅长的东西，从而引起同伴的关注。

二、让孩子养成懂礼貌的好习惯

无论是大人还是孩子，“嘴甜”的人都特别受人欢迎。待人接物有礼貌，是一个人在日常交往中最基本的行为准则，也是交际的必备条件。

这看似是小事，实际上对孩子的成长有着重要的影响。

说话有礼貌，一般都会给人留下好印象，也更容易被人接纳。家长要从小教会孩子使用礼貌用语，比如见面时说“你好”“您好”，需要别人帮助时说“请”“麻烦”，接受别人馈赠时说“谢谢”等。

三、鼓励孩子参与购物

购物也是一个让孩子了解社会、融入社会的窗口，像购买文具、零食和生活用品之类的小事，家长可以交给孩子去做，让他们自己去挑选东西，询问价格，支付账单。

孩子自己购买东西，会让他有一种成就感，从而更加乐意参与社会活动。

四、不要代替和限制孩子与人交往

在日常生活中，有的家长担心孩子无法正确表达想法，常常替孩子说话，充当他们的“代言人”，久而久之，孩子就会完全依赖大人，或是懒得搭理他人。

这也是一些孩子为什么在家里活蹦乱跳，而在外面沉默寡言的原因。

因此，当别人问孩子问题时，家长最好不要帮孩子说话，尽量让孩子自己去回答——除非场面极其尴尬，否则家长不要轻易介入。

还有一些家长因为担心孩子在外面闯祸、学坏或是受到伤害，常常限制孩子与人交往。实际上，这样做是错误的，要想提高孩子的交际能力，就必须让孩子多与人接触、多与人交往。

五、理解孩子的“不好意思”

害怕陌生的环境，遇到不认识的人会害羞、胆怯，这是孩子的正常反应，就像人天生就怕黑一样。

拒绝陌生，是一种本能反应，也是一种自我保护，家长千万不要因此而指责孩子，那样只会加深孩子的恐惧，使孩子更加自闭。

13. 家长坚持一次，孩子受益一生

一位朋友向我抱怨说，做父母真不容易啊，最近都快被孩子折磨疯了。究其原因，孩子一直需要她抱，只要放到床上或儿童车里，他就大哭大闹；而一抱到怀里，他就会停止哭泣。

没办法，朋友只好一边抱着孩子或背着孩子，一边艰难地从事家务劳动。为此，朋友身心疲惫，不知该如何是好。

我听后笑着说："你为什么不尝试换一种方式呢？比如，当孩子哭时，你就将他放在床上，并坚持 5 ～ 10 分钟；当孩子不哭时，你再将他轻轻抱起。这样反复几次，孩子的'臭毛病'就会得到改变。

"你别看孩子小，就以为他什么都不懂，其实他很会察言观色。如果他发现哭能得到自己想要的东西，或能够满足自己的愿望时，他就会经常采用这种方式来要挟父母。当然，如果他发现这招不灵时，就会乖乖地收起眼泪，按照父母的要求去做。"

朋友的孩子之所以一放到床上就会哭，就是因为他知道，只要一哭，妈妈就会赶紧将他抱起，这几乎成了一种条件反射。要是反其道而行之，当孩子不哭时，妈妈才抱起他，孩子就会认为这是对乖巧的一种奖励，从而不再无理取闹。

朋友按照我说的方法做了以后，果然收到了意想不到的效果。

对于原则性的东西，父母一定要坚持到底，千万不要轻易做出让步。

陈阿彪是一位农民，从来没有出过远门。有一次，他攒够了钱去国外旅行，在酒店住下后，早上，服务员来送早餐，一开门就对他大声地说：“Good morning，Sir！”

陈阿彪不懂英文，不明白是什么意思，但按照他在家乡的生活经历，彼此见面一般都是询问对方姓名，于是他大声地回答：“我叫陈阿彪！”

随后三天，那个服务员每次来送早餐，都会对陈阿彪说一句：“Good morning, Sir！”而陈阿彪也总报以同样的回答：“我叫陈阿彪！”

第四天早上，陈阿彪终于忍不住了，他生气地想：这人怎么这么无聊啊，天天问我的姓名，告诉他，他又记不住，真是烦人。于是，他对导游说了此事。

导游听后告诉他：服务员不是问你的姓名，而是向你问好，出于礼貌，你也应该对他说一声：“Good morning，Sir！”

接下来，陈阿彪反复练习了“Good morning，Sir”的发音，直到熟练掌握为止。

第五天早晨，服务员又来敲门，这一次，陈阿彪一开门就对他说：“Good morning，Sir！”而与此同时，服务员条件反射地对陈阿彪说：“我叫陈阿彪！”

可以说，在亲子博弈赛中，不是你改变孩子，就是孩子改变你。父母退一尺，孩子就会进一丈，一时心软或娇惯放纵，都不利于孩子成长。

事实上，孩子的很多坏习惯都是父母给惯出来的。比如，孩子本来可以安安静静地睡觉，而父母为了哄孩子尽快入睡，常常用摇晃的方式诱使孩子睡觉，结果久而久之，孩子便养成了不晃动就无法入睡的习惯。

由此可见，孩子的坏习惯来源于父母，同样地，好习惯也来源于父母——也许你坚持一次，孩子就会受益一生。

14. 教育孩子，补偿心理不可有

溺爱孩子是许多家长的通病，但很少有人会意识到，这实际上是补偿心理在作祟。

有的家长因为小时候受到过父母的忽视、拒绝、惩罚，或是吃不饱、穿不暖、没学上，这种痛苦的经历深深地镌刻在他们的脑海里，以至于有了孩子后，他们会拼命地给予孩子自己曾经没得到的东西。

补偿心理在家庭教育中十分常见，具体来说，主要表现在以下几个方面：

一、怕孩子受委屈

有的家长小时候受到过虐待，或是家里特别穷，从来没有过上好日子，于是平时就会尽量满足孩子，处处迁就孩子，给孩子创造最好的条件，以此补偿自己儿时受过的苦难。

二、把自己未实现的理想转嫁到孩子身上

有的家长因为某种原因未能实现自己的人生理想，于是把希望寄托在了孩子身上——不管孩子愿不愿意，也不管孩子有没有这方面的特长，他们总是强迫孩子按照自己的意志行事。

比如，有一位妈妈十分热爱舞蹈，但由于年少时腿受了伤，不得不放弃自己的梦想。有了孩子后，她仿佛又看到了希望，于是从小就将孩子送到舞蹈班学习。而实际上，孩子喜欢的却是画画。

三、没时间陪孩子，想用物质加以补偿，以达到内心的平衡

有的家长工作特别忙，经常早出晚归，没时间陪孩子。家长自知亏欠孩子，便想从其他方面进行补偿，以减轻内心的愧疚。

四、怜悯孩子

有的家长因为孩子有某方面的缺陷，于是给予孩子特别的照顾，从不让他干家务活——即便孩子犯了错，也不批评他。

补偿心理是不易让人察觉的，很多时候，即使家长这样那样做了“补偿”，也丝毫不会意识到或认为，这没有什么不对。

事实上，补偿心理不利于孩子的成长，尤其是过度补偿，对孩子有百害而无一利。

首先，补偿心理容易造成孩子任性、低能

如果家长因为小时候受过苦，就不让孩子插手任何事，这无异于剥夺了孩子的学习机会，长此以往，孩子就会养成好逸恶劳的恶习。这样做造成的结果是，孩子什么也不会做，也不懂得承担责任，更不会考虑他人的感受。

其次，物质补偿无法代替精神需求

即便家长把世界上最好的东西全给孩子，也无法满足他们对父母的爱的渴望。与其拿东西补偿孩子，不如多抽时间陪伴孩子，让他们的回忆里多留下些爸爸妈妈参与的痕迹。

再次，替孩子规划人生，容易埋没孩子的真正才能

家长感兴趣的，孩子不一定感兴趣，家长把自己的理想强加在孩子身上，往往会事与愿违——不但不会取得什么成果，反而会激起孩子的不满，令亲子关系不可调和。更重要的是，它可能会压抑孩子的个性，阻碍孩子的发展。

因此，作为父母，千万不要把补偿心理运用到家庭教育中，否则将会得不偿失。

15. “强势父母”造就“弱势孩子”

常言说：“虎父无犬子。”意思是，出色的父亲不会生出平庸的孩子。然而，现实却恰恰相反，许多优秀的父母教育出了平庸的孩子。

可能有人觉得纳闷，通常情况下，优秀的父母都是有文化、有见识的人，他们拥有优越的教育资源，为什么偏偏教育不出出色的孩子呢？

究其原因，是父母过于强势了。

在工作中，保持强势是一件好事，但在家庭教育中，父母对孩子强势却是一种不幸。

首先，强势父母往往脾气很大，动不动就指责孩子、辱骂孩子，让孩子没有一点儿自尊心。

其次，强势父母的支配意识很强，他们要求孩子绝对服从自己，不允许孩子有独立的想法。长此以往，这势必会限制孩子个性的发展，甚至影响到孩子健康人格的形成，使孩子变得唯唯诺诺，没有主见。

再次，强势父母对孩子的要求往往十分苛刻。

由于强势父母比较优秀，他们对孩子的要求常常会按照自己的意愿来提出，这就使得孩子常常达不到他们的要求。结果，父母失望，孩子灰心。

找不到成就感的孩子，注定会成为一个缺乏自信的人。而一个没有自信的人，做任何事都很难成功。

此外，强势父母还喜欢用命令、指使的口吻与孩子对话，使得亲子地位极不平等，无法展开真正的交流。

其实，在家庭教育中，父母不妨向孩子多示“弱”。

记得有一次，我和女儿在外面散步，路经一座桥，我故意犹豫不前，装作一副害怕的样子。然后，我试探着对女儿说：“桥好高啊，爸爸不敢过去。”

女儿看了看说：“爸爸，不要怕，有我呢，我牵着你过去。”没想到女儿信以为真，小心翼翼地拉着我的手将我带过了桥。

我不失时机地夸赞女儿：“女儿真棒，比爸爸勇敢多了！”

散步结束时，我又故意装作找不到回家的路，着急地对女儿说：“爸爸不认得回去的路了，怎么办呢？”

女儿信心十足地对我说：“爸爸，不要担心，我认得，你跟在我后面就行了！”

回到家里，女儿自豪地向妈妈说起她带爸爸过桥和回家的事，妈妈美美地夸奖了她一番，她愈加高兴了。从那以后，我时常在孩子面前表现得“无能”，让孩子为我“遮风挡雨”。

如今，女儿在很多方面都优于同龄人，这都是我向孩子“示弱”的结果。

然而，许多父母并不明白这个道理，他们为了树立所谓的“威严”，常常板着一副脸孔，对孩子呼来唤去。还有的父母喜欢在孩子面前表现得聪明能干，以此想激励孩子上进。

实际上，父母越是把自己衬托得高大威猛，孩子就会越显得渺小无能，从而更加依赖大人。

作为父母，千万不要把强势带入家庭教育，因为爱就像一个口袋——往里装，产生的是满足感；而往外掏，产生的是成就感。

在家长一次又一次的“示弱”中，孩子会渐渐品尝到帮助别人的快乐和成功的乐趣，最终成为一个“强者”。

16. 做个“会说话”的家长

常言道：“良言一句三冬暖，恶语伤人六月寒。”意思是说，我们要学会使用“爱语”。

很多时候，一句同情理解的话，就能给人莫大的安慰，并增添对方的勇气。而一句不合时宜的话，就如同一把利刃，会刺伤他人的心。

家庭教育也是如此。

一句亲切、温馨的话，往往能够唤醒孩子沉睡的心灵，使孩子乘风破浪，奋勇前进；而一句打击、挖苦的话，往往会伤害孩子的自尊，摧毁孩子的自信，使孩子无所作为。

然而，遗憾的是，许多家长并没有意识到恶语的巨大杀伤力，时常因为一点小事就指责孩子，骂孩子是窝囊废、胆小鬼、笨蛋等。事实上，这种“恨铁不成钢”的教育方式，不但不能改变什么，还会增加孩子的负面心理，使孩子变得逆反，或是破罐子破摔。

面对这种情况，家长不妨换一种方式，使用温软的语言，让孩子的心慢慢融化。

首先，将命令的话语转化为请求的话语

日常生活中，家长难免会遇到孩子不配合的情况，于是一些脾气暴躁的人就会大发雷霆，开始口无遮拦地斥责、辱骂孩子。一阵暴风骤雨后，家长倒是痛快了，但孩子的心却变得冰凉冰凉的。

我们都知道，同样的一句话，使用不同的语气或表达方式，收到的效果也会截然不同。

比如，当你做晚饭时，发现酱油用完了，如果你面无表情地对孩子说：“快点，去楼下的超市买瓶酱油，我急着要用。”孩子很可能会拒绝。

如果你换另一种语气说：“孩子，妈妈现在忙不过来，请你去楼下的超市帮妈妈买酱油好吗？”孩子听到这样的请求，一般都不会拒绝。

要是孩子买回酱油后，你再不失时机地夸赞他几句，相信他以后会更加乐意为你服务的。

其次，将否定的话语转化为肯定的话语

不少家长在教育孩子时喜欢用否定句，比如“你不行”“你办不到”“你不能这样做”等。结果，家长越是否定，孩子越是差劲。

其实，我们完全可以把否定句变成肯定句，比如“你能行”“你能办到”“我希望你这样做”等。

许多育儿专家认为，否定带给孩子的是负能量，而肯定带给孩子的是正能量。因此，在与孩子沟通时，家长应该多使用肯定句，少使用否定句。

再次，将指责的话语转化为鼓励的话语

通常情况下，每个人都喜欢听顺耳的话，而厌恶批评的话，孩子也是如此。具体来说，家长不要抓住孩子的短处不放，而应该多表扬孩子的优点。

比如，孩子写的作文很差，不仅书写潦草，而且很多语句都不通顺。

如果你一味指责他的错误，不仅起不到教育的作用，反而会让他对写作越来越没有信心。

但如果你抓住其中某个优美的句子进行表扬，再委婉地指出其中的错误，也许孩子就会慢慢克服存在的问题。

17. 教育孩子，“做”比“说”重要

“讲道理”是许多家长惯用的教育方式。

当孩子不听话或犯了错时，家长总会给孩子讲一通大道理，直到孩子说知道了、明白了，方才罢休。

讲道理对孩子真的有用吗?

现实生活往往是这样的：家长越是不厌其烦地给孩子讲道理，孩子越会不听，甚至会以哭闹来对抗。于是，讲道理变成了批评和斥责，甚至演变成一阵怒吼，让场面失控。

法国著名教育家卢梭说：“三种对孩子不但无益反而有害的教育方法是：讲道理、发脾气、刻意感动。”

把讲道理作为教育方式是许多家长易犯的通病。事实上，跟儿童讲道理，不但没有什么效果，还会让孩子十分厌烦。

以前，女儿非常喜欢剪纸，没事时就拿一把小剪刀剪来剪去，家中的书和本子都遭了殃。

更让我气愤的是，女儿所谓的剪纸，并不是将纸剪成某种图案，而是将纸直接剪成碎屑，很小、很小的那种，常常弄得满屋子都是。

我烦不胜烦，开始给女儿讲道理，比如：书和本子都是用纸做的，而纸则是靠砍伐森林造纸得来的，浪费纸张就是不爱护森林；你整天剪这些东西有什么用，干吗不做些有意义的事呢？看书、写字、唱歌、运动，皆可。

我满以为这些道理能说服女儿，可她根本不听。于是，我警告了她一次又一次，甚至没收了剪刀，但她照剪不误，只不过从明处转移到了暗处。

我郁闷不已，可又拿她没办法。

后来，我换了一种方式，不但不再禁止女儿剪纸，还主动给她买回一些好看的彩纸，以及相关书籍，并陪着她一起剪，教她如何将一张普普通通的纸剪成一幅栩栩如生的图案。

在我的耐心指导下，女儿不仅不再乱剪书和本子，而且每完成一幅作品，都会将剩下的纸屑丢到垃圾桶里去。

从这个育儿小插曲中，我深刻地体会到，教育孩子，“做”远比“说”重要——与其苦口婆心地跟孩子讲道理，不如理解孩子的童真童趣，引导孩子朝着积极正确的方向前进。

对于儿童来说，尤其是幼儿，他们听不懂大人所谓的道理，往往更容易接受大人的行为示范。简而言之，要让孩子懂道理，家长就要做得有道理。

美国教育家杜威认为，教育孩子并不是一件“告知”与“被告知”的事情，而是一个主动的、建设性的过程。要使儿童明白道理，告诉孩子道理只是一个方面，更重要的是要让孩子有机会在实践中获得经验。

有时我不禁想，家长为了不让孩子受到伤害，甚至可以牺牲生命，可为什么就不能接受孩子不同的意见呢？

作为家长，也许我们应该多些宽容与理解，并站在孩子的角度，考虑一下他们的感受和意愿，切实将“说”转化为“做”。

18. 把舞台让给孩子表演

有一天，女儿郑重其事地告诉我：“爸爸，以后没有我的允许，请不要动我房间里的东西。如果您有什么事，请一定记得敲门！”

那一刻，我突然意识到孩子长大了，想要逃离我们的视线，想要有独立的生活空间。

女儿就是这样，常常将我的好心当作驴肝肺：你越是关心她，她越是躲得远远的，身上就像长满了刺，生怕你靠近她。

当女儿背上书包，戴上红领巾，准备出门时，我像往常一样打算送她去学校。可是，她拒绝了，并坚定地说：“爸爸，我长大了，不需要您送了，我和同学一起去，您就放心吧！”

自女儿上幼儿园，我就一直陪着她去学校，现在她不让我送了，我的心里竟有一种难以言说的滋味——孩子真的长大了，决定要脱离父母了呢?

从孩子呱呱坠地的那一刻开始，我就成了她生命中的保护神——无论大小事情，我总是替她完成，不让她受到一点伤害；无论她有什么要求，我总是尽量满足她，不让她有一分的不开心；无论她遇到什么困难，我总是站在她前面，为她遮风挡雨，不让她受到一丝的委屈。

哪怕自己挨饿，我也会把仅有的食物让给女儿；哪怕自己受冻，我也会把仅有的一件衣服穿在她的身上；有什么好的东西，我总是先想着她，再想到自己。女儿的一举一动、一言一行、一颦一笑，都深深地牵动着我的心。

我常常对女儿说：你是我们甜蜜的负担，虽然你让我们牵肠挂肚、担惊受怕，但我们愿意为你付出，愿意为你撑起一片明净的天空。

据说老鹰是这个世界上最无情的妈妈，也是这个世界上最伟大的妈妈。

当小鹰成长到一定的程度时，老鹰就会停止给小鹰供食，并想办法将小鹰从自己身边“赶走”。如果小鹰不愿离开妈妈，老鹰就用嘴狠狠地啄小鹰的身体，迫使它离开巢穴。

老鹰将小鹰带到悬崖边，望着深不见底的悬崖，小鹰害怕地退了回来，用可怜巴巴的眼神望着妈妈。

可是，老鹰并没有因为小鹰可怜巴巴的眼神而心软，它毫不留情地将小鹰一脚“踢”了出去。绝望无助的小鹰在空中拼命地拍打着翅膀，就在它快要触到谷底时，它终于学会了飞翔。

在妈妈的教导下，小鹰还学会了捕食，每天像妈妈一样翱翔于蓝天。

原来，有一种爱叫放手。

教育孩子，或许我们应该向老鹰学习，该放手时就放手，尽量把舞台留给孩子去表演。

没有大人的庇护，也许孩子会跌倒、会受伤、会犯错误，但他们注定要成长，要独立面对一切，而我们只能站在一旁，远远地望着他们，用目光跟随他们。

19. 家长“无为”，或许孩子更“有为”

一天，我在催促女儿学习时，女儿歇斯底里地对我说：“爸爸，我最讨厌做作业，最讨厌读书了，您不要再管我，行吗？”

听了女儿的话，我十分震惊，没想到她小小年纪，就如此厌学。我本想给她讲一番学习和做人的大道理，但话到嘴边又停住了——我知道，此刻无论我说什么，她都无法听进去。

回到自己的房间，我的思绪情不自禁地回到了从前。

当初，我像其他所有年轻父母一样，十分注重孩子的早教。女儿不到一岁时，我就开始不厌其烦地教她学习拼音和汉字，女儿咿呀学语，看似很感兴趣，实则只是好奇。

女儿还不到两岁时，我又忙活着教她背诗、写字、学英语，不管她乐不乐意，我照教不误，还时常威迫利诱。

女儿3岁时，我专门找了一个老师教她学习画画——虽然她对画画没有多少兴趣，但她无从选择。

女儿4岁时，我将她送去了钢琴班，还特意为她买了一架钢琴——可是她学了一年，只会弹一些简单的曲子。

女儿5岁时，我开始正式教她文化知识。

为了让她不输在起跑线上，也为了她能多掌握几项技能，我几乎剥夺了她所有的玩耍时间。我始终坚信，优秀的孩子是教育出来的，成功需要付出比别人更多的努力。

我满以为，在我的苦心教育之下，孩子会变得很优秀。

谁知事与愿违，女儿上学后成绩平平，总是居于中间位置。为此，我十分着急，于是更加严格地要求她，恨不得自己能钻进她的脑子里，把所有的知识都传授给她。

然而，我越是施压，女儿越是抗拒，以至于她后来故意跟我唱反调，拿不及格的卷子来气我。

这时，我才深刻理解了卢梭说过的话：对学龄前的孩子，“我们不仅不应当争取时间，而且还必须把时间白白地放过去。”“在童年时期牺牲的一些时间，到长大的时候就会加倍地收回来。”

归根结底，学习还是孩子的事情，父母再着急，也帮不上任何忙。当孩子对学习有了兴趣时，他们就会自己去探索，去发现，去总结，从而掌握一套行之有效的学习方法。

有一年，记者采访一位高考状元的家长时，家长淡淡地说："其实，我们什么也没做，都是孩子自己努力的结果。"

老子主张"无为而治"，同样地，对孩子也应该"无为而教"。当然，这里所说的"无为"，不是指放任自流、不管不问，而是指不横加干涉、不过分强求、不拔苗助长——让一切顺其自然。

知识性的东西很容易弥补，而受伤的心灵却很难修复。或许，家长"无为"，孩子反而更"有为"。

20. 如何培养孩子的团队精神

中国有句古老的谚语："三个臭皮匠，顶一个诸葛亮。"说的是集体智慧远高于个人智慧，即便你有诸葛亮那样的经天纬地之才，也抵不过个体实力都比你弱的一个团队组合。

著名哲学家叔本华也说："单个的人是软弱无力的，就像漂流的鲁滨孙一样，只有同别人在一起，他才能完成许多事业。"

团队精神，是一个人生活所必备的基本素养，也是一个人走向成功的重要条件，将直接影响到孩子未来的发展。

其具体表现为：有大局意识，善于与人沟通，能处理好个人与集体的关系，懂得与人合作，有向心力和凝聚力等。

缺乏团队精神的人，纵然有过人的智慧、超凡的本领，也不会有大作为的，毕竟个人的智慧和力量是有限的，孤军作战，只会以失败而告终。

然而，现在的孩子大多缺乏团队精神，这是因为他们在家里受尽了爷爷奶奶和爸爸妈妈的宠爱，想要什么就能得到什么，遇到什么困难也都有大人帮忙解决。

无论大小事情，父母总是以孩子为中心，这就造成孩子自我意识膨胀，没有团队精神，只知道强调自己的感受，而忽略别人的感受，不懂得尊重别人，不能与人愉快地合作。

这样发展下去，对孩子的成长极为不利。那么，该如何培养孩子的团队精神呢？

首先，让孩子树立团队意识

家长可以给孩子安排一件靠个人很难完成的事，并在适当的时候给予孩子帮助，让孩子明白“并不是世上所有的事，你都能靠一个人的能力完成”，同时也要让孩子体会到团队的力量。

有了这些深刻的经历，在孩子的潜意识里，就会慢慢树立起团队意识。当他们遇到不可逾越的障碍时，就会主动与人合作，并最终战胜困难。

其次，让孩子融入集体

家长可鼓励孩子多与人交往，多帮助他人，有什么快乐要懂得与人分享，有什么不愉快要知道找人倾诉。

要是孩子比较内向、胆小，家长不要急于求成，要循序渐进，先让他与亲人交往，再让他与熟悉的、兴趣相投的同龄人一起玩耍，然后进一步鼓励他结交新朋友。

家长还可以经常带孩子串门，或走亲访友，为孩子制造与人交往的机会。只有当孩子真正融入了集体，才会热爱集体，才会生发出责任感和荣誉感，才会在集体中发挥自己的光和热。

再次，让孩子多参加一些集体活动

集体活动，尤其是带有竞技性质的集体活动，无疑能更好地提升孩子的团队精神，也会使孩子体验到与人合作的快乐。

可能有人认为，团队精神会影响个体的发挥，其实不然——团队协作与展示个人才华，两者之间并不矛盾，而且集体往往更能成就个人。

即使在团队合作中孩子充当了绿叶，也能体现出自身的价值，同样会获得很大的成就感。

21. 不要忽略孩子最短的那块板

我经常听到人们这样说：孩子只要有一技之长，就不用为他将来的前途担心。事实上，很多家长也是这样做的。

君不见，各种特长班如雨后春笋般涌现了出来吗？为了培养好孩子某一方面的能力，家长可谓煞费苦心，挥金如土。可是，孩子拥有一技之长真的能纵横天下吗？

一些学者和专家说，未必如此！

美国管理学家彼得提出了一个有趣的理论叫“短板理论”，也称水桶原理。这个理论说的是，一只水桶由许多块木板组成，但决定水位的不是最长的木板，而是最短的木板——要想增加盛水量，只有将短板加长。

根据这个理论，如果我们把一个孩子比作这样的木桶，那么，最长的木板代表的是孩子的优点，最短的木板代表的是孩子的缺点——不难发现，最短的木板决定了孩子的将来。

如果家长只注重孩子最长的木板，而忽略最短的木板，那么无论最长的木板如何延伸，孩子注定成不了大器。

前些天，我外出办事时遇到朋友阿正，不由得问起他儿子考上了什么大学。

阿正摇了摇头，叹息地说：“唉！别提了，就5分之差，结果与重点大学擦肩而过。”

原来，阿正的儿子偏科，除语文差一点外，其他学科都十分优秀。

本来阿正也意识到了这个问题，可孩子对语文不感兴趣，于是他就想通过提高其他学科的成绩来弥补语文的不足。但他万万没有料到，语文最终还是拖了孩子的后腿，导致这次考试的直接失利。

阿正后悔不迭地说："要是当初对语文引起足够的重视，并多花一点时间在上面的话，提高十来分肯定没问题。"

阿正儿子的遭遇正好印证了彼得的短板理论：即便其他学科成绩再好，只要有一科不行，就会影响到整体的分数。

当然，从一个孩子未来的发展来看，学习成绩也只是组成整个水桶的一块木板而已，并且不是最关键的那块，其他方面还包括思想品质、为人处世、生活能力和交际能力等。

可是，在现实生活中，人们往往只看到了最长的木板，却忽略了最短的木板。

记得曾看到过这样一个报道：一所名牌大学毕业的学生竟然不知道如何剥鸡蛋壳、如何乘坐公交车、如何辨别回家的路……可以说，除了学习成绩优秀外，他几乎一无是处。

试想，这样一个人进入社会后，他能在竞争激烈的职场中独当一面，幸福地生活吗?

俗话说：一粒老鼠屎能糟蹋一锅粥。在孩子成就事业的路上，往往可能因为某一方面的缺陷或某一个环节薄弱，而最终导致自己的失败。

所谓"尺有所短，寸有所长""金无足赤，人无完人"，它不是让我们忽略短处，而是让我们正视自己的优缺点，最终扬长避短。

因此，我们一定要将孩子最短的木板找出来，并让它与最长的木板一同延伸，那样才能使木桶装更多的水。

22. 检查作业有讲究

如今，为孩子检查作业、讲解作业，几乎是每一位学生家长的必修课。一则，不少学校都有硬性规定，要求家长督促孩子完成家庭作业，并签字确认。二则，一些家长望子成龙心切，希望通过给孩子“加餐”，达到提高孩子学习成绩的目的。

给孩子检查作业到底好不好呢?

无可否认，老师让家长关注孩子的学习，出发点是好的，本来家庭教育也是孩子成长的一部分。

通过检查作业，既可以了解孩子的学习情况，及时纠正孩子的不良习惯，也可以与孩子有效地沟通，帮助孩子巩固学过的知识。

然而，一些家长的做法对孩子的学习和成长却极为不利，主要表现在以下几方面:

一、孩子一边做作业，家长一边指正，每道题都要替孩子把关。

二、发现作业中的错误，不管孩子有没有弄明白，立刻告诉他正确答案。

三、一味地责备孩子粗心大意，甚至威胁要克扣孩子的零花钱。

第一类家长很容易让孩子形成依赖心理，造成孩子没有主见，缺乏独立性。家长的包办往往会让孩子认为，不管自己认不认真做、做得对不对，都无所谓，反正有爸爸妈妈帮忙，不用担心被老师批评。

同时，次次都得优，还会让孩子滋生骄傲自满的情绪。

第二类家长会让孩子失去动脑的机会，掩盖了孩子学习中的不足，更重要的是，这会滞碍孩子责任感的形成。

从一定程度上讲，家庭作业的好坏是老师教学效果的真实体现。如果家长让孩子把错误答案都改了过来，老师一看，还以为学生都掌握了——而事实上，很多学生都是不懂装懂，一旦考试，问题就会暴露无遗。

记得以前我教过一个学生，平时家庭作业完成得非常好，几乎找不到一丁点儿错误，但每次考试总是不及格。当我问及其中缘由，那位学生回答，每天的家庭作业都是爸爸妈妈订正过的。

第三类家长往往会让孩子失去学习兴趣，变得消极自卑，畏首畏尾。

对于中小学生来说，由于他们的智力发育还不成熟，做作业时偶然性和随意性很大，出错是很正常的事。即便是成年人，在工作中也无法做到万无一失，更别说孩子了。

家长应该理性地看待孩子的错误，不要动不动就对孩子大动肝火。因此，我建议家长正确对待孩子的家庭作业。

首先，不检查孩子作业的对与错，只检查孩子有没有按要求完成作业，有没有遗漏，书写工不工整。

其次，鼓励孩子自己检查作业，毕竟孩子才是学习的主体，而家长只是一个旁观者。

如果孩子检查出了作业中的错误，家长可以给他记功，或给予适当的奖励；如果孩子实在发现不了，那也没关系，大不了作业本上多一个叉号，而这会让孩子更加记忆深刻。

再次，家长要教会孩子学习方法。

比如，做作业时速度不要过快，要认真仔细；做完一道题后，习惯性地检查一篇，看有没有错误。当孩子体验到检查作业的好处后，自然就会乐意去做这件事，家长也可以省心不少。

23. 让 5+2 ＞ 7

近日，一个朋友向我诉苦，说不知怎么回事，他的孩子在学校表现良好，在家里却一塌糊涂，完全像两个人。

比如，孩子在学校懂得尊敬师长，但在家里却没有一点儿礼貌；孩子在学校热爱劳动，但在家里却从来不扫地、不擦桌子；孩子在学校遵守纪律，但在家里却一点儿规矩都没有……

我笑问朋友："那你平常在家里是怎么教育孩子的？"

朋友听后，一脸愕然地说："教育孩子不是学校的事吗?我只管供他吃和穿就行了。再说，我工作那么忙，哪有时间管孩子呀！"

朋友的回答令我十分吃惊，怪不得现在的孩子身上有那么多毛病，原来很大一部分原因都出在家庭教育的缺失上。

俗话说："养不教，父之过。教不严，师之惰。"一个孩子学习和习惯的失败是家长和老师共同造成的结果。

在中国，许多家长往往重视孩子的学校教育，而轻视或忽略家庭教育，他们觉得只有正规的学校教育才会对孩子的成长起作用，而在家里即使不管不问，也不会对孩子有影响。

殊不知，学校教育很重要，家庭教育同样重要。

要是我们把学校教育和家庭教育用一个算式列出来，那就是 5+2——如果家长在学校教育的基础上进一步延伸、点拨，那么 5+2 可能等于 7，甚至大于 7；如果家长忽视家庭教育，对孩子放任自流，那么 5+2 肯定会小于 7；如果家长在家庭教育中给予孩子错误的教育和不良的影响，那么 5+2 可能等于 0。

也就是说，错误的教育和不良的影响可能会毁掉一个孩子。

比如，老师教育孩子要有爱心，可家长偏偏对弱势群体视而不见，还讽刺孩子的"爱心"为傻气；老师教育孩子要尊敬老人，可家长在公交车上却偏偏不给老人让座；老师教育孩子不要沉溺于网络游戏，可家长偏偏一回到家就玩游戏；老师教育孩子要诚实，可家长偏偏喜欢说谎……

在这样的家庭环境下，孩子如何能成为一个优秀的人才呢？

因为年龄和阅历的关系，孩子尚未建立起正确的人生观、价值观，他们分不清到底是家长说得对，还是老师说得对。于是，老师用了五天的努力，好不容易才在孩子心中形成正确的意识，一下子就被家长用两天截然相反的教育削弱了，甚至扭曲了。

本来，学校教育和家庭教育就是一个不可分割的整体，如果出现家庭教育脱节，或家庭教育与学校教育相违背，那么，带来的教育结果就只能是 5+2 ＜ 7，甚至 5+2=0。

因此，为了孩子的健康成才，家长一定要注意自己的一言一行，以身作则，言传身教，做好孩子的表率。

只有将家庭教育与学校教育有机地结合在一起，尽量使自己的观点与老师的观点保持一致（当然，如若老师的某一说法有失偏颇，家长可予以纠正，但绝不能贬低老师），那样才能使孩子朝着 5+2 ＞ 7 的方向发展。

24. 情商高的孩子更容易获得成功

在当今这个比较功利化的时代，作为父母，当然不能让自己的孩子输在起跑线上，于是大家想尽一切办法，拼命地提高孩子的智力水平，以至于各种各样的益智书籍、培训机构、健脑药品等大行其道。

大家一厢情愿地认为，只要孩子的智商提高了，将来就不愁找不到好工作，不愁没有光明的前途。

事实上，决定一个人成功与否的因素很多，智商只占了其中很小的一部分。然而遗憾的是，不少家长只看到了孩子的智商，而忽略了情商。

国外的一项调查研究表明，一个人的成功，80% 以上取决于人际关系；而人际关系的好坏，90% 取决于一个人的情商。

这样的例子举不胜举。比如，唐代“诗仙”李白，他是世人公认的大才子，智商之高鲜有人比。可是，由于他情商不高，为人清高孤傲，结果一身才华无处发挥，只能纵酒放歌，郁郁终了。

由此可见，情商远比智商更重要，我们在培养孩子智商的同时，也一定要注意孩子情商的培养。

说了半天，也许还有人闹不明白情商到底为何物。

所谓情商，就是指一个人在情绪、情感、意志、耐受挫折等方面的品质，属于非智力因素。

如果说知识、能力和学识是教会我们如何做事，那么，情商则是教会我们如何做人。

从根本上讲，不管做什么事，终究离不开做人，可以说，高情商是一个人成功的保证。

当然，“高情商”不是与生俱来的，而是靠后天培养出来的。0～5岁是孩子情商形成的最重要阶段，家长千万不要错过这一大好时期。

既然情商如此重要，那么，我们应该从哪些方面入手培养孩子呢？

首先，让孩子学会认识自我

有人说，人生最大的敌人不是别人，而是自己。只有充分认识自己、了解自己，方能适应各种环境，成为生活的主宰者。

其次，让孩子学会控制自己的情绪

人有七情六欲、喜怒哀乐，但不是什么时候都可以肆意而为。我们要引导孩子控制好自己的情绪，不要随意对人发火，也不要一味委曲求全，而要适时适度地表现自我。

第三，让孩子学会自我激励

人的一生会遇到许多的磨难和打击，如果不善于调节自己的情绪，很可能会自暴自弃，陷入绝望的深渊。只有懂得自我激励，才会走出困境或失败的阴影，从而一步步迈向成功。

第四，让孩子学会识别他人的情绪

人属于群居动物，只要你活在这个世上，无论你从事什么职业，都离不开与人打交道。要想与人友好相处，建立起感情，就得从别人细微的表现中，获知他人的兴趣爱好、需求和欲望。

第五，让孩子学会处理各种人际关系

世上没有两片一模一样的树叶，同样地，世上也没有两个一模一样的人——每个人都有他的脾气和性格，这就需要掌握与各类人群相处的技巧。

25. 可以奖励进步，但不能惩罚失败

生活中，当孩子拿着一张不及格的试卷回到家里时，迎接他的多半是父母的暴风骤雨——轻则被狠狠地训斥一顿，重则屁股被打开花。

父母的理由很简单：我辛辛苦苦地挣钱养家，供你读书，你却不求上进，考这么点分数来回报我们，不给你点颜色看看，你是不会长记性的！

作为父母来说，大家对孩子的期望都很高，尤其是在学习成绩方面，几乎不允许孩子出现不及格的现象。尽管家长的出发点是好的，希望孩子努力进取，将来有一个好的前程，但批评、指责这种错误的做法，并不能起到积极的作用。

英国著名科学家戴维说："感谢上帝不是一个灵巧的工匠，我那些最宝贵的经历都是失败后得来的。"

失败并不是一件可怕的事，也不是一件可耻的事，人类的许多经验都是从失败中得来的。我们可以惩罚孩子的自私、懒惰、不负责任、不讲道德，但绝不能惩罚孩子的失败，因为这会对孩子的成长造成巨大的伤害。

首先，惩罚失败，会打消孩子的积极性，影响孩子的创造力

家长的打骂往往会给孩子造成很大的心理压力，同时还会向孩子传递一个错误的信息——失败会让人付出惨痛的代价。

为了逃避失败后的惩罚，孩子会害怕失败、害怕尝试，从而变得瞻前顾后、畏首畏尾：要么老是跟在别人的屁股后面转，要么老是选择一些非常简单的事情做。

这恐怕不是家长所期望的吧！

其次，惩罚失败，会挫伤孩子的自尊心，给孩子的心灵留下阴影

打骂和斥责本来就是一种过激行为，而用这种方式来惩罚失败，不但解决不了问题，还会雪上加霜，放大孩子的错误，使孩子的身心俱受伤害。

从内心来讲，孩子也渴望考高分，渴望得到别人的赞扬，渴望每件事都能做成功，但有时失败又是无法避免的，家长不能简单地把一切归咎于孩子的不用心、不努力。

其实，孩子失败后，他的心里比谁都难受。这时，他需要的不是父母的指责和惩罚，而是理解和鼓励。

第三，惩罚失败，会让孩子丧失信心，变得胆小自卑

失败本来是很正常的现象，而家长的惩罚会让孩子做出错误的自我评价，认为自己一无是处，从而变得自闭，不敢轻易挑战自我。

当孩子再次遭遇失败时，他们会通过撒谎来掩盖，而不会从失败中总结经验，重新站起来。这对孩子的成长来说，是多么大的损失啊！

俗话说，失败乃成功之母。成功往往是建立在无数次的失败之上的，既然如此，我们为什么不能接受孩子的一次失败呢？

所以，不管孩子出于什么原因失败了，家长都应该持包容、理解的态度，帮助孩子正确地认识失败，找到失败的原因，并鼓励他们勇敢地面对困难，战胜困难。

26. 每个孩子都是天才

周末，我在手机里下载了一款人机对战的五子棋游戏，闲来无事便玩了几局，结果如料想的一样，每一局都输给了电脑。

当然，我并没有将输赢放在心上，毕竟电脑里的棋局带着程序，对于我这样一个业余棋手来说，要取胜太难了。

我在玩游戏的时候，女儿一直站在旁边观看，她见我连连惨败，不禁跃跃欲试，讨好似的对我说：“爸爸，让我来试一试，我有办法破解它的招数。”

虽然我不相信女儿能打败电脑，但我们家一向民主，大人能玩的东西，小孩同样可以玩，再说五子棋是一项益智游戏，我有什么理由拒绝孩子呢？于是，我微笑着对女儿说：“行！如果你赢了电脑，爸爸这周就带你去游乐场。”

女儿听后，高兴地拍着手说：“一言为定。”

我点点头说：“当然，咱们可以拉钩，不讲信用的是小狗。”

其实，我只是嘴上说说，根本不相信女儿有什么好的招数，因为她的棋艺我是知道的——她连我都无法打败，又怎么可能打败电脑呢？我不过是不想打击她的信心罢了。

大约过了十几分钟，我在书房里听到了女儿的欢呼，接着，她跑到我面前，兴奋地说：“爸爸，快看，我赢了！”

我瞥了一眼手机屏幕，果然看见上面显示获胜了。

尽管事实摆在眼前，但我还是觉得难以置信，淡淡地对女儿说：“你是瞎猫碰着死耗子，运气好，如果你再赢一局，我就相信了。”

为了让我信服，女儿拿起手机，重新下了一盘。

让我大跌眼镜的是，这一次她居然又胜了。接着，我又让她下了几盘，结局依然如此。

我百思不得其解，为什么强大的电脑在女儿面前会变得如此不堪一击呢？于是，我惊奇地问道：“你是如何做到的？”

女儿自豪地跟我解释说：“很简单，电脑的棋路是死的，有规律可循，你只要顺着它的思路，给它设置一个陷阱，它每次都会往坑里跳，并且屡试不爽。”

随后，我按照女儿的方法布局，果然轻轻松松地就打败了电脑。

事后，我不禁对女儿刮目相看。原来，每个孩子都是天才，只是我们在有意无意间扼杀了他们的天赋。

从那以后，我放开了紧握的双手，只要不涉及女儿的生命安全，我都鼓励她大胆尝试，虽然有些事情她做得并不好，但我却从中看到了她的进步。

其实，每个孩子都有很强的想象力、观察力和创造力，只是，有时我们因为过分迷信自己的生活经验，会对孩子横加劝阻，结果管得越多，限制得越多，孩子的能力反而越低下。

如果父母都能尊重孩子的天性，合理地引导孩子的兴趣，并给孩子预留一定的空间，我不敢保证每个孩子都能成为像牛顿和爱因斯坦那样伟大的人，但至少他们会成为一个独一无二的人，一个能适应社会、创造奇迹的人。

27. 换一种方式教育孩子

每逢周末，只要女儿一回到家，屋里准会被她弄得天翻地覆、一塌糊涂。

女儿正处于对任何事物都充满好奇的年龄段，喜欢玩玩具、拆东西、看小人书。这本来很正常，也是一件好事，然而女儿把东西摆满一地后，却不能将其归位，致使房间很乱。

为此，我十分恼火，曾三番五次地教育女儿，让她玩完玩具后一定要将玩具放到指定的位置。但无论我怎么说，女儿总是记不住，下次还是如此。

为了让女儿养成良好的习惯，也为了减轻大人的家务负担，我强烈要求女儿自己收拾好她弄乱的房间。

刚开始，她在我的威迫下还能勉强遵从，但渐渐地就有了逆反情绪——你让她收拾，她噘着嘴，一动不动；你大声吼她几句，她还是不动，只是哭。最后闹得大人小孩都不愉快，还得我帮她收拾残局。

这天，我无意中读到一本书，上面讲到：孩子都喜欢在游戏中接受教育，在玩耍中获得成就感。于是，我决定换一种方式来教育孩子。

又到周末，女儿像往常一样将玩具和书本丢得满地都是，然后置之不理。见此状，我先做了一个深呼吸，待心态平和后，微笑着对女儿说："宝贝，我们一起来做个游戏，好吗？"

"什么游戏？"女儿一下子来了兴趣，好奇地问。

我说："我们来比赛收拾东西，看谁收得最快、收得最干净。"

"好啊！"女儿高兴地拍着手说。

我在屋子的中央画了一条线，将这些杂乱的东西一分为二，并让女儿选择其中之一。女儿选择了右边那一半，并开始认真地收拾起来，她边收拾边对我说："爸爸，你慢点。"

我充分利用孩子的好胜心，时而动作麻利，略超前于女儿；时而动作缓慢，略落后于女儿——这让孩子既有了继续做下去的动力，又看到了赢的希望。

快到结束时，我故意放慢动作，留下几张纸片，让女儿先完成了任务。

果然，体会到成功的乐趣后，女儿自豪地朝我喊道：“爸爸输了，爸爸输了，我赢了！”

我不失时机地夸赞道：“宝贝真能干，真了不起，快来帮帮爸爸。”女儿听后，兴致勃勃地来帮我。不一会儿，家中就被我们收拾得干干净净、整整齐齐了。

尔后，只要遇到类似的问题，我都会采用易于被孩子接受的迂回方式。一段时间下来，竟收到了意想不到的效果——女儿在各方面都有了进步。

28. 六种语气助孩子成才

一、温和的语气

不少父母在与孩子交流时，总是喜欢用冷冰冰的、居高临下的语气说话，以为这样就能在孩子的心目中树立起威信。

其实，这种语气常常不能被孩子接受，因为没有人喜欢被别人命令来命令去，孩子也一样。

粗暴、严厉的语气，只会加重孩子的心理压力，使孩子紧张、害怕、抗拒。而温和的语气往往能营造出良好的氛围，消除孩子的顾忌，使孩子畅所欲言，从而收到意想不到的效果。

二、尊重的语气

交流必须是一种平等行为，而平等的前提条件就是相互尊重。

家长不要以为孩子年龄尚小就忽略了这一点，要知道，尊重是没有年龄和性别差异的，每个孩子都是独立的个体，都有很强的自尊心。

如果家长经常用尊重的语气跟孩子说话，不仅能够获得孩子的尊重，还能培养孩子健康的人格。当孩子的意见与家长的意见相左时，家长不妨暂退一步，尊重孩子的选择和决定。

比如：你要求孩子先做作业后看电视，而孩子却要先看电视后做作业。这时，如果你采取强硬措施，效果势必会适得其反；但如果你换一种方式说“那好吧，不过，不要忘了时间”，相信孩子听后一定会信守承诺，出色地完成作业。

三、信任的语气

家长的信任，往往是对孩子莫大的鼓舞。

信任不仅可以激发孩子的积极性和创造力，还可以使孩子产生尊重感、亲密感、荣誉感和责任感。因此，家长要充分信任孩子，让他们做自己的主人，千万不要打击和挖苦。

比如，当孩子与同学发生矛盾时，你不要去分析谁对谁错，也不要轻易地指责孩子，可以亲切地对孩子说：“爸爸（妈妈）相信你能处理好的。”

四、商量的语气

用商量的语气跟孩子说话，往往能取得事半功倍的效果，让孩子乐于接受你的意见。这不仅能让孩子感受到来自父母的尊重，体会到家庭的民主，还能培养孩子分析问题和解决问题的能力。

比如，当你要做出某项决定时，不妨听听孩子的想法，用商量的语气说：“孩子，你看这样行不行？”或者说：“你觉得这件事情应该怎么处理会好一些？”

做父母的切不可武断，否则只会压制孩子的成长。

五、欣赏的语气

从内心来讲，每个人都渴望得到别人的赞美和肯定，对于孩子的教育也是如此。

欣赏的语气不仅能让孩子获得成就感，表现得更加积极，还能让孩子建立起自信心，激发出更多的创造力。

而负面的语气往往会挫伤孩子的自尊心和自信心，使孩子变得胆小自卑，或者冲动、叛逆，诸如“你不行”“你干得太糟糕了”这样的话最好少说，或不说。

当孩子努力完成一件事时，你不要鸡蛋里挑骨头，这也不满意那也不满意，而应该努力发现孩子的闪光点，并用欣赏的语气说：“孩子，你干得真不错！”

六、鼓励的语气

法国哲学家萨特把人生比作驴拉磨，驴的前面有一把草料，驴为了吃草料，就会奔跑起来，它奔跑的同时，也带动了磨。孩子的成长也需要一把引领他们向前的草料，那就是来自父母的鼓励。

当孩子告诉你他想成为一名了不起的画家时，你不要笑话他的幼稚，而是应该不失时机地夸赞道：“真是一个伟大的梦想，只要你肯努力，爸爸（妈妈）相信你能成功的！”

后记：谁不是从跌跌撞撞中走过来的

一只蜜蜂不小心钻进了一个透明的玻璃瓶里，因为玻璃瓶口正好背光，它钻进去后，以为瓶底就是出口，于是拼命地朝着有光的方向扑腾。结果，无论它怎么努力，就是走不出困境，最后绝望地死在了玻璃瓶里。

与蜜蜂比起来，苍蝇就聪明得多。

当它被困在玻璃瓶中时，它先是朝着有光的方向飞了一阵，发现行不通后，赶紧调转方向，朝另一边飞去，但还是行不通。无奈之下，它只好继续调转方向。就这样，苍蝇在玻璃瓶里横冲直撞，不断改变方向，虽然它碰了无数次壁，但最终还是找到了出口，逃之夭夭。

在上面的故事中，蜜蜂过于相信自己的直觉和判断，以至于钻了牛角尖，并最终害了自己。而苍蝇选择的方法虽然笨拙，但却十分奏效。

人在年轻的时候，热情澎湃，总有一股子干劲，总想开创一番惊天动地的事业。可是，由于经验匮乏，许多人会陷入困境，就像蜜蜂不小心钻进玻璃瓶一样，由于找不到前进的方向，他们选择了放弃，结果功败垂成，遗憾终生。

其实，我们应该像苍蝇那样，这个方向行不通，就换另一个方向，只要你有足够的信心和耐心，就一定能够找到真正的出口。

很多时候，上天不会直接告诉我们答案，而是会有意考验我们，给出许多个选项，然后让我们自己去筛选。虽然我们不清楚哪个是正确答案，但只要我们一个一个地去验证，答案自然就会浮出水面。

人不要怕摔跟头，也不要怕走弯路，谁不是从跌跌撞撞中走过来的呢？就像那只碰壁之后的苍蝇，虽然它不知道出口在哪里，但它永不放弃，始终在努力。对于人类来说，失败并不可怕，可怕的是失去前进的信心。

有人说："一个人如果长期在一个相对不变的环境中，循环往复地生活，没有新信息激发他去思考、去比较，很容易思维僵化，更难有预测未来的能力。相反，一个人若在无限广阔的天地里，处于不断变化的环境中，接触一些新的信息，'摩擦生热'的法则就会发生作用。他可以思路大开，把自己在不同环境中观察到的东西加以比较，找出规律，并以此预测未来，发现社会的'大趋势'。"

当我们陷入困境，暂时找不到出路时，最好的办法就是行动起来，不断去尝试，不断调整思路。机会不会在原地等你，要想改变自己的命运，就得像苍蝇那样坚持不懈，哪怕碰得头破血流，也不放弃。